2024年度版

マイナン

オフィサー

試験問題集

一般社団法人 **金融財政事情研究会**

◇ はじめに ◇

　本書は、金融業務能力検定「マイナンバー保護オフィサー」（CBT方式、通年実施）を受験される方の学習の利便を図るためにまとめた試験問題集です。

　マイナンバー制度は、「行政手続における特定の個人を識別するための番号の利用等に関する法律」（番号法）に基づく制度です。行政機関などでは、「社会保障、税、災害対策」の分野で個人情報と個人番号を紐づけることで、効率的に情報の管理を行うことができるようになります。マイナンバー制度の導入に伴い、日本国内に住民票をもつすべての人に個人番号が割り振られることになり、各企業は、制度の理解と適切な対応が求められています。

　番号法は、個人番号・特定個人情報の厳重な管理を求めています。そのため、番号法の遵守に必要とされる知識・判断力および日常業務に必要とされる顧客の個人番号取扱いルールに関する理解度を問われることが増えてくるものと思われます。

　本書は、マイナンバー制度の概要から実務で必要となる知識まで順を追って学ぶことができる内容となっています。本書で学習され、「マイナンバー保護オフィサー」試験に合格することで、マイナンバー制度に関する業務上必要かつ適切な知識を身につけることができます。なお、より詳細な知識、具体的な実務対応を学ぶために、基本教材である通信教育講座「Q＆Aマイナンバー対応実践コース」（一般社団法人金融財政事情研究会）にも取り組まれることをお勧めします。

　本書を活用して、「マイナンバー保護オフィサー」試験に合格され、適切な業務運営にあたられることを期待します。

2024年3月

一般社団法人 金融財政事情研究会

検定センター

◇◇目　次◇◇

第1章　マイナンバー制度の概要

1－1　マイナンバー制度① ……………………………… 2

1－2　マイナンバー制度② ……………………………… 4

1－3　個人情報保護委員会 ……………………………… 6

1－4　個人番号の付番 …………………………………… 7

1－5　個人番号の利用 …………………………………… 8

1－6　個人番号通知書・通知カード …………………… 10

1－7　個人番号カード① ………………………………… 11

1－8　個人番号カード② ………………………………… 13

1－9　個人番号カード③ ………………………………… 14

1－10　個人番号の取扱い ……………………………… 15

1－11　個人番号カードの交付 ………………………… 17

1－12　個人番号カードのセキュリティ対策 ………… 19

1－13　個人番号カードの紛失等 ……………………… 21

1－14　個人番号関係事務① …………………………… 22

1－15　個人番号関係事務② …………………………… 24

1－16　個人番号利用事務 ……………………………… 25

1－17　特定個人情報 …………………………………… 26

1－18　特定個人情報の提供制限① …………………… 27

1－19　特定個人情報の提供制限② …………………… 29

1－20　法人番号 ………………………………………… 31

1－21　法人番号の付番 ………………………………… 32

1－22　個人番号と法人番号 …………………………… 33

1－23　番号法と個人情報保護法①　……………………………34

1－24　番号法と個人情報保護法②　……………………………36

1－25　特定個人情報保護評価　……………………………………37

1－26　公的個人認証サービス　……………………………………38

1－27　マイナポータル　……………………………………………40

1－28　番号法と罰則　………………………………………………42

第2章　マイナンバー保護対策

2－1　個人番号の取扱い①　………………………………………44

2－2　個人番号の取扱い②　………………………………………46

2－3　特定個人情報の安全管理措置①　…………………………48

2－4　特定個人情報の安全管理措置②　…………………………50

2－5　特定個人情報の安全管理措置③　…………………………51

2－6　特定個人情報の安全管理措置④　…………………………53

2－7　個人番号の正確性の確保　…………………………………54

2－8　個人番号の収集・取得①　…………………………………56

2－9　個人番号の収集・取得②　…………………………………57

2－10　個人番号の提供　……………………………………………58

2－11　個人番号の第三者提供時の留意点　……………………60

2－12　グループ会社間での個人番号の提供・管理　…………61

2－13　個人番号の保管　……………………………………………63

2－14　特定個人情報ファイルの作成　…………………………65

2－15　個人番号の廃棄・削除①　…………………………………66

2－16　個人番号の廃棄・削除②　……………………………67

2－17　死者の個人番号　………………………………68

2－18　特定個人情報の利用目的の通知・公表①　…………69

2－19　特定個人情報の利用目的の通知・公表②　…………71

2－20　特定個人情報の保管・廃棄・削除①　……………72

2－21　特定個人情報の保管・廃棄・削除②　……………73

2－22　個人番号事務の委託　………………………………75

第3章　マイナンバー制度に対する金融機関の実務

3－1　個人番号の収集・取得①　……………………………78

3－2　個人番号の収集・取得②　……………………………80

3－3　個人番号の利用①　……………………………………82

3－4　個人番号の利用②　……………………………………83

3－5　個人番号の利用③　……………………………………84

3－6　個人番号の利用④　……………………………………86

3－7　個人番号の提供①　……………………………………87

3－8　個人番号の提供②　……………………………………88

3－9　個人番号の提供③　……………………………………90

3－10　特定個人情報の保管　………………………………91

3－11　個人番号の保存期間　………………………………92

3－12　特定個人情報ファイルの保管・廃棄・削除①　………94

3－13　特定個人情報ファイルの保管・廃棄・削除②　………95

3－14　預貯金等付番に係る個人番号の取扱い①　……………97

3－15　預貯金等付番に係る個人番号の取扱い②　……………………98

3－16　激甚災害時における個人番号の取扱い①　…………… 100

3－17　激甚災害時における個人番号の取扱い②　…………… 102

3－18　法人番号の取扱い①　……………………………… 103

3－19　法人番号の取扱い②　……………………………… 104

3－20　番号法に基づく本人確認措置①　…………………… 105

3－21　番号法に基づく本人確認措置②　…………………… 107

3－22　番号法に基づく本人確認措置③　…………………… 108

3－23　税務調査と個人番号　………………………………… 109

3－24　金融機関の国外送金等業務　………………………… 110

3－25　各種書類等と個人番号①　…………………………… 112

3－26　各種書類等と個人番号②　…………………………… 114

3－27　各種書類等と法人番号①　…………………………… 115

3－28　各種書類等と法人番号②　…………………………… 116

第4章　その他業務とマイナンバー保護

4－1　個人番号に関する事務の委託先管理①　………………… 118

4－2　個人番号に関する事務の委託先管理②　………………… 120

4－3　個人番号に関する事務の委託先管理③　………………… 122

4－4　個人番号に関する事務の委託先管理④　………………… 124

4－5　個人番号に関する事務の再委託の取扱い　……………… 125

4－6　特定個人情報漏えい等事案発生時における対応①　…… 127

4－7　特定個人情報漏えい等事案発生時における対応②　……129

4－8　特定個人情報漏えい等事案発生時における対応③　……131

4－9　特定個人情報漏えい等事案発生時における対応④　……132

4－10　特定個人情報漏えい等事案発生時における対応⑤　……135

4－11　協同組織金融機関、保険代理店における

個人番号の取扱い　………………………………………137

───〈法令基準日〉───────────────────
本書は、問題文に特に指示のない限り、2024年4月1日（基準日）現在施
行の法令等に基づいて編集しています。

◇ **CBT とは**◇

　CBT（Computer-Based Testing）とは、コンピュータを使用して実施
する試験の総称で、パソコンに表示された試験問題にマウスやキーボード
を使って解答します。金融業務能力検定は、一般社団法人金融財政事情研
究会が、株式会社シー・ビー・ティ・ソリューションズの試験システムを
利用して実施する試験です。CBT は、受験日時・テストセンター（受験
会場）を受験者自らが指定できるとともに、試験終了後、その場で試験結
果（合否）を知ることができるなどの特長があります。

本書に訂正等がある場合には、下記ウェブサイトに掲載いたします。
https://www.kinzai.jp/seigo/

〈凡　例〉

- ・Q&A …「特定個人情報の適正な取扱いに関するガイドライン（事業者編）」及び「（別冊）金融業務における特定個人情報の適正な取扱いに関するガイドライン」に関する Q&A
- ・金融業務ガイドライン…（別冊）金融業務における特定個人情報の適正な取扱いに関するガイドライン
- ・金融業務ガイドラインパブコメ…「特定個人情報の適正な取扱いに関するガイドライン（事業者編）（案)」に対するパブリックコメント結果「2　別冊（金融業務編）」
- ・激甚災害デジタル庁令…激甚災害が発生したとき等においてあらかじめ締結した契約に基づく金銭の支払を行うために必要な限度で行う個人番号の利用に関するデジタル庁令
- ・公的個人認証法…電子署名等に係る地方公共団体情報システム機構の認証業務に関する法律
- ・国外送金等調書法…内国税の適正な課税の確保を図るための国外送金等に係る調書の提出等に関する法律
- ・国税庁 FAQ …国税庁「社会保障・税番号制度　法人番号公表サイト」「よくある質問」
- ・個人情報保護法…個人情報の保護に関する法律
- ・個人番号・カード等命令…行政手続における特定の個人を識別するための番号の利用等に関する法律に規定する個人番号、個人番号カード、特定個人情報の提供等に関する命令の一部を改正する命令
- ・事業者ガイドライン…特定個人情報の適正な取扱いに関するガイドライン（事業者編）
- ・事業者ガイドライン安全管理措置別添…特定個人情報の適正な取扱いに関するガイドライン（事業者編）（別添1）特定個人情報に関する安全管理措置（事業者編）
- ・事業者ガイドラインパブコメ…「特定個人情報の適正な取扱いに関するガイドライン（事業者編）（案)」に対するパブリックコメント結果「1　本文及び別添（安全管理措置）」
- ・事業者ガイドライン漏えい関連別添…特定個人情報の適正な取扱いに関するガイドライン（事業者編）（別添2）特定個人情報の漏えい等に関する報告等（事業者編）

・整備法…行政手続における特定の個人を識別するための番号の利用等に
　関する法律の施行に伴う関係法律の整備等に関する法律
・施行規則…行政手続における特定の個人を識別するための番号の利用等
　に関する法律施行規則
・施行令…行政手続における特定の個人を識別するための番号の利用等に
　関する法律施行令
・施行令パブコメ…行政手続における特定の個人を識別するための番号の
　利用等に関する法律施行令案に対するパブリックコメント結果
・逐条解説…行政手続における特定の個人を識別するための番号の利用等
　に関する法律【逐条解説】
・デジタル庁FAQ…デジタル庁「よくある質問」
・番号法…行政手続における特定の個人を識別するための番号の利用等に
　関する法律
・犯罪収益移転防止法…犯罪による収益の移転防止に関する法律
・本人確認国税庁告示…行政手続における特定の個人を識別するための番
　号の利用等に関する法律施行規則に基づく国税関係手続に係る個人番号
　利用事務実施者が適当と認める書類等を定める件
・マイナンバーカード総合サイト…地方公共団体情報システム機構「マイ
　ナンバーカード総合サイト」
・漏えい関連規則…行政手続における特定の個人を識別するための番号の
　利用等に関する法律第29条の4第1項及び第2項に基づく特定個人情報
　の漏えい等に関する報告等に関する規則
・漏えい関連Q&A…特定個人情報の漏えい事案等が発生した場合の対応
　における Q&A

〈解答にあたっての注意〉

1．問題・解説文中の「マイナンバー制度」とは、「社会保障・税番号制
　度」のことを指します。
2．問題・解説文中の「市町村」には、特別区を含みます。
3．問題・解説文中の「民間事業者」は、個人情報取扱事業者を指すもの
　とします。

「マイナンバー保護オフィサー」試験概要

　番号法遵守に必要とされる知識・判断力および日常業務に必要とされる顧客のマイナンバー取扱いルールに関する理解度を問うことで、マイナンバー保護オフィサーとして求められる法令等の知識の習得度、実務における対応力を検証します。

■受験日・受験予約	通年実施。受験者ご自身が予約した日時・テストセンター（https://cbt-s.com/examinee/testcenter/）で受験していただきます。
■試験の対象者	本部担当部門従事者、営業店等の管理者および法人営業担当者、個人・窓口担当者等　※受験資格は特にありません
■試験の範囲	１．マイナンバー制度の概要 ２．マイナンバー保護対策 ３．マイナンバー制度に対する金融機関の実務 ４．その他業務とマイナンバー保護
■試験時間	100分　試験開始前に操作方法等の案内があります。
■出題形式	四答択一式50問
■合格基準	100点満点で70点以上
■受験手数料(税込)	5,500円
■法令基準日	問題文に特に指示のない限り、2024年4月1日現在施行の法令等に基づくものとします。
■合格発表	試験終了後、その場で合否に係るスコアレポートが手交されます。合格者は、試験日の翌日以降、「マイナンバー保護オフィサー」の認定証をマイページからPDF形式で出力できます。
■持込み品	携帯電話、筆記用具、計算機、参考書および六法等を含め、自席（パソコンブース）への私物の持込みは認められていません。テストセンターに設置されている鍵付きのロッカー等に保管していただきます。メモ用紙・筆記用具はテストセンターで貸し出されます。計算問題については、試験画面上に表示される電卓を利用することができます。

■受験教材　　　　・本書
　　　　　　　　　・通信教育講座「Q&A マイナンバー対応実践コース」
　　　　　　　　　　（一般社団法人金融財政事情研究会）
■受験申込の変更・　受験申込の変更・キャンセルは、受験日の3日前までマイ
　キャンセル　　　ページより行うことができます。受験日の2日前からは、
　　　　　　　　　受験申込の変更・キャンセルはいっさいできません。
■受験可能期間　　　受験可能期間は、受験申込日の3日後から当初受験申込日
　　　　　　　　　の1年後までとなります。受験可能期間中に受験（または
　　　　　　　　　キャンセル）しないと、欠席となります。

※金融業務能力検定・サステナビリティ検定の最新情報は、一般社団法人金融財政事情研究
　会のWebサイト（https://www.kinzai.or.jp/kentei/news-kentei）でご確認ください。

第1章

マイナンバー制度の概要

1-1 マイナンバー制度①

《問》マイナンバー制度に関する次の記述のうち、最も適切なものはどれか。

1）番号法には、個人番号についての規定が設けられているが、法人番号についての規定は設けられていない。

2）マイナンバー制度のメリットの1つとして、所得をこれまでより正確に把握することで、きめ細やかな社会保障制度を設計することがある。

3）事業者ガイドラインに「しなければならない」および「してはならない」と記載されている事項に従わなかった場合でも、法令違反と判断されることはない。

4）マイナンバー制度の導入後、各行政機関が保有している個人情報は、特定の機関の共通データベースにおいて一元管理されている。

・解説と解答・

1）不適切である。法人番号とは、特定の法人その他の団体を識別するための番号として指定されるものをいう。法人番号については、番号法39条から42条までに規定されている。

2）適切である（番号法1条、デジタル庁FAQ1-3）。デジタル庁FAQ1-3においては、マイナンバー制度のメリットとして「所得をこれまでより正確に把握することで、きめ細やかな社会保障制度を設計し、公平・公正な社会を実現することです」とされている。

3）不適切である。事業者ガイドラインにおいては、法令違反となり得る事項についての記述を「しなければならない」「してはならない」と表記している。一方、「望ましい」と記述している事項については、これに従わなかったことをもって直ちに法令違反と判断されることはないが、番号法の趣旨を踏まえ、事業者の特性や規模に応じ、可能な限り対応することが望まれるものである（事業者ガイドライン2頁）。

4）不適切である。マイナンバー制度が導入されても、個人情報の一元管理は行わず、個人情報は各行政機関等が保有し、必要に応じて行政機関等の間で情報の照会・提供を可能とする分散管理の方式が採用されている。「特定の共通データベースを作ることもありませんので、そういったところか

ら芋づる式に情報が漏れることもありません」（デジタル庁FAQ5 − 2）。

<u>正解　2）</u>

1－2　マイナンバー制度②

《問》マイナンバー制度に関する次の記述のうち、最も適切なものはどれか。
1) マイナンバー制度における個人番号を含む個人情報の管理は、情報漏えい等を考慮して、分散管理方式が採用されている。
2) 行政機関の間での情報連携は、情報の効率的な連携のため、個人番号を直接使う形で行われる。
3) マイナンバー制度の導入後においても、住民基本台帳は制度として並行して存続することから、希望する者は、住民基本台帳カードを更新することができる。
4) マイナンバー制度の導入により、民間事業者の間において、個人番号を共同利用することによる情報交換が可能になった。

・解説と解答・

1) 適切である。一元管理ではなく分散管理方式によって、個人番号が一元管理されない状況を確保し、万が一情報漏えい等が発生した場合であっても、その影響範囲を限定化できるようにしている。「マイナンバー制度では、個人情報がひとつの共通データベースで管理されることは一切ありません。例えば、国税に関する情報は税務署に、児童手当や生活保護に関する情報は各市区町村に、年金に関する情報は年金事務所になど、これまでどおり情報は分散して管理します。また、役所の間の情報のやりとりは、マイナンバーではなく、システム内でのみ突合可能な、役所ごとに異なるコード（暗号化された符号）で行うので、1か所で漏えいがあっても他の役所との間では遮断されます。万が一1か所でマイナンバーを含む個人情報が漏えいしたとしても、個人情報を芋づる式に抜き出すことはできない仕組みとなっています」（デジタル庁 FAQ 5 - 4）。
2) 不適切である。役所の間の情報のやりとりは、個人番号ではなく、システム内でのみ突合可能な役所ごとに異なるコード（暗号化された符号）を使い、1カ所で漏えいがあっても他の役所との間では遮断されるようになっている（デジタル庁 FAQ 5 - 4）。
3) 不適切である。マイナンバー制度の導入後においては、住民基本台帳は廃止され（整備法19条1項）、既に発行された住民基本台帳カードは、その

　　有効期間が満了するなどにより効力を失うとき、または新たに個人番号カードの交付を受けるときまでは有効なものとして取り扱われ、それ以降は失効する（同法20条2項）。

4）不適切である。番号法30条2項により、個人番号について個人情報保護法27条（第三者提供の制限）の適用が除外されているため、個人番号の共同利用は認められていない。

<u>正解　1）</u>

1-3 個人情報保護委員会

《問》個人情報保護委員会に関する次の記述のうち、最も適切なものはどれか。
1）個人情報保護法上の勧告および命令を行う権限は、個人情報保護委員会ではなく各主務大臣が有している。
2）個人情報保護委員会の委員長および委員は、国会両議院の同意を得て、内閣総理大臣が任命する。
3）個人番号を取り扱うすべての事業者は、特定個人情報保護評価書を作成し、個人情報保護委員会に提出しなければならない。
4）番号法上、個人情報保護委員会が情報提供ネットワークシステムを設置・管理することとされている。

解説と解答

1）不適切である。個人情報保護法上の勧告および命令の権限を有しているのは、個人情報保護委員会である（同法148条）。
2）適切である。「委員長及び委員は、人格が高潔で識見の高い者のうちから、両議院の同意を得て、内閣総理大臣が任命する」と個人情報保護法134条3項に定められている。
3）不適切である。特定個人情報保護評価は、行政機関の長等に義務付けられているが（番号法28条1項）、個人番号の取扱いを行うすべての事業者に義務付けられているものではないことから、個人番号の取扱いを行うすべての事業者が特定個人情報保護評価書を作成し、個人情報保護委員会に提出しなければならないものではない。特定個人情報保護評価とは、特定個人情報ファイルを保有しようとするまたは保有する国の行政機関や地方公共団体等が、個人のプライバシー等の権利利益に与える影響を予測した上で特定個人情報の漏えいその他の事態を発生させるリスクを分析し、そのようなリスクを軽減するための適切な措置を講ずることを宣言するもの、である（個人情報保護委員会Webサイト）。
4）不適切である。番号法上、内閣総理大臣が個人情報保護委員会と協議して、情報提供ネットワークシステムを設置・管理することとされている（同法21条1項）。

<u>正解　2）</u>

1－4　個人番号の付番

> 《問》個人番号の付番に関する次の記述のうち、最も適切なものはどれ
> 　　か。
> 　1）個人番号が付番される対象者は、住民票を有する者であるため、日
> 　　　本国籍を有していても、日本国内に住民票がない国外居住者には付
> 　　　番されない事例もある。
> 　2）個人番号の指定および通知を行うのは、本人の住民票に記載された
> 　　　住所のある都道府県である。
> 　3）個人番号は、住民票コードをあらかじめ規定された計算式に従って
> 　　　変換することによって生成される13桁の数字である。
> 　4）特定の個人に付番された個人番号は、生涯にわたって利用する番号
> 　　　であり、個人番号が漏えいして不正に用いられるおそれがある場合
> 　　　においても変更されない。

・解説と解答・

1）適切である。個人番号とは、住民票コードを変換して得られる番号であっ
　て、当該住民票コードが記載された住民票に係る者を識別するために指定
　されるものをいう（番号法2条5項）。2015年10月5日時点で国外に在住
　し、現在まで引き続き海外で勤務している者にはマイナンバーは付番され
　ていない（デジタル庁FAQ2－10）。他方、永住者など日本国籍を有しな
　い者であっても、日本国内に住民票があれば、住民票コードをもとに個人
　番号が付番される。

2）不適切である。個人番号の指定および通知を行うのは、住民票に住民票コー
　ドを記載する事務を行う市町村長であり、都道府県ではない（番号法7
　条1項）。

3）不適切である。個人番号は、本人の住民票コードを変換して生成される番
　号であり（番号法2条5項）、12桁の数字で構成される（デジタル庁
　FAQ1－1）。

4）不適切である。個人番号は原則として生涯同じ番号となるが、個人番号が
　漏えいして不正に用いられるおそれがあると認められるときは、本人の請
　求または市町村長の職権により変更されることがある（番号法7条2項）。

正解　1）

1−5 個人番号の利用

> 《問》個人番号の利用に関する次の記述のうち、最も不適切なものはどれか。
> 1 ）民間事業者は、個人番号関係事務に係る一連の作業範囲として、収集した個人番号を社内のシステムに登録することができるほか、登録結果を確認するために個人番号を含む情報をプリントアウトすることができる。
> 2 ）民間事業者は、個人番号関係事務を処理する目的で、取得済みの個人番号を照会機能で呼び出すことができるほか、個人番号を含む情報をプリントアウトすることができる。
> 3 ）民間事業者は、ダイレクトメールを作成するために、顧客の住所を調べる目的で端末に表示された顧客情報を、個人番号を含む状態でプリントアウトすることができる。
> 4 ）民間事業者が個人番号関係事務以外の目的で従業員の個人番号を利用することは、本人の同意があったというだけでは許されない。

・解説と解答・

1 ）適切である。個人番号関係事務を処理することを目的とした事務であることから、利用目的の範囲内での利用である（Q&A1−7）。およそ従業員等を有するすべての事業者が個人番号を取り扱うこととなるのが個人番号関係事務であり、具体的には、事業者が、法令に基づき、従業員等の個人番号を給与所得の源泉徴収票、支払調書、健康保険・厚生年金保険被保険者資格取得届等の書類に記載して、行政機関等および健康保険組合等に提出する事務である（事業者ガイドライン13頁）。金融機関が金融業務に関連して個人番号を取り扱うこととなるのが個人番号関係事務であり、具体的には、金融機関が、法令に基づき、顧客の個人番号を利子等の支払調書、特定口座年間取引報告書等の書類に記載して、税務署長に提出する事務等である（金融業務ガイドライン2頁）。

2 ）適切である。個人番号関係事務を処理することを目的とした事務であることから、利用目的の範囲内での利用である（Q&A1−7）。

3 ）不適切である。ダイレクトメールの作成は個人番号関係事務の範囲外であり、個人番号をプリントアウトしないように工夫する必要があるとされて

　　いる（Q&A 1 - 7）。

4）適切である。本人の同意があっても、個人番号関係事務以外の目的で個人
　　番号を利用することは、原則として許されない（事業者ガイドライン13～
　　15頁）。

正解　3）

1－6　個人番号通知書・通知カード

《問》個人番号通知書および通知カードに関する次の記述のうち、最も不
適切なものはどれか。

1）個人番号通知書は、「個人番号を証明する書類」や「身分証明書」
として利用することができ、一般的な本人確認の手続において広く
利用されている。

2）個人番号通知書の書面には、「氏名」「生年月日」「個人番号」が記
載されている。

3）通知カードは、2020年5月25日以降、新規発行や再交付は行われて
いないが、個人番号カードの申請は引き続き可能とされている。

4）通知カードに記載された氏名、住所等が住民票に記載されている事
項と一致しているときは、引き続き通知カードは個人番号を証明す
る書類として使用できる。

・解説と解答・

1）不適切である。個人番号通知書とは住民に個人番号を通知するものであ
る。書面には「氏名」「生年月日」と「個人番号」等が記載されている。
個人番号通知書は「個人番号を証明する書類」や「身分証明書」として利
用することはできない（マイナンバーカード総合サイト「個人番号通知書
について」）。

2）適切である。

3）適切である。通知カードは、紙製のカードで、住民に個人番号を知らせる
ものである。券面には居住している市区町村の住民票に登録されている
「氏名」「住所」「生年月日」「性別」と「個人番号」が記載されている。た
だし、顔写真は記載されておらず、通知カードを使用して個人番号の確認
と本人確認を同時に行うためには、別に運転免許証や旅券等の本人確認書
類が必要となる（マイナンバーカード総合サイト「通知カードについ
て」）。

4）適切である。

<u>正解　1）</u>

1−7 個人番号カード①

《問》個人番号カードに関する次の記述のうち、最も適切なものはどれ
か。
1）個人番号は、個人番号カードの表面に記載されている。
2）15歳で個人番号カードの交付を受けた場合、その有効期間は、発行
日からその後10回目の誕生日までである。
3）個人番号カードは、本人からの申請の有無を問わず、各市町村長よ
り郵送される。
4）個人番号カードに記載されている当該本人の姓が変更になった場
合、変更があった日から14日以内に住所地の市町村長に届け出る必
要がある。

・解説と解答・

1）不適切である。個人番号が記載されるのは、個人番号カードの裏面である
（個人番号・カード等命令25条、別記様式）。

（表）

（裏）

2）不適切である。個人番号カードの有効期間は、カード発行時の年齢が18歳以上の場合は発行日からその後10回目の誕生日まで、18歳未満の場合は発行日からその後5回目の誕生日までである（個人番号・カード等命令26条1項）。

3）不適切である。個人番号カードは、原則として、交付申請者から交付申請書の提出を受けた場合に、郵送ではなく当該交付申請者に市町村の事務所へ出頭を求めて交付する（施行令13条2項、4項）。

4）適切である。個人番号カードの記載内容に変更があったときは、変更があった日から14日以内に住所地の市町村長に届け出る必要がある（番号法17条4項）。

<u>正解　4）</u>

1−8　個人番号カード②

《問》個人番号カードに関する次の記述のうち、最も適切なものはどれか。

1）レンタル店などにおいて、本人確認のための写真付き身分証明書として個人番号カードが提示された場合は、当該個人番号カードの両面を個人番号が表示された状態でコピーして、そのまま保管しなければならない。

2）個人番号カードの交付を受ける際に、本人が市町村の窓口に出向く必要はない。

3）事業者は、顧客から個人番号カードの両面のイメージデータの送信を受ける方法により、個人番号の提供を受ける際の本人確認を行うことができる。

4）個人番号カードは、犯罪収益移転防止法上の本人確認書類に該当しない。

・解説と解答・

1）不適切である。番号法で認められている場合を除いて、個人番号を収集または保管することは禁止されているため（番号法20条）、本人確認のための身分証明書として提示された場合は、個人番号が記載された裏面をコピーしてそのまま保管することはできない（デジタル庁FAQ 3−11）。

2）不適切である。個人番号カードの交付を受ける際は、本人確認のため、原則として本人が市町村の窓口に出向く必要がある（施行令13条4項）。

3）適切である。インターネット等を経由してパソコンからイメージデータを送信する方法による本人確認が可能とされている（施行規則3条2号ロ、ニ、本人確認国税庁告示9、国税庁「国税分野における番号法に基づく本人確認方法【事業者向け】」39、40頁）。

4）不適切である。個人番号カードは、犯罪収益移転防止法に基づく本人確認書類として用いることができるとされている（Q&A20−2）。しかし、犯罪収益移転防止法上の取引時確認記録に、本人確認書類を特定するに足りる事項として、個人番号を記録することは、法令上認められない。

正解　3）

1−9 個人番号カード③

《問》個人番号カードの IC チップに記録されるものとして、次のうち最も不適切なものはどれか。
1) 公的個人認証に係る署名用電子証明書および利用者証明用電子証明書
2) 氏名、住所、生年月日、性別および個人番号
3) 市町村が地域住民の利便性の向上に資するものとして条例で定めた事務を処理するために必要な情報
4) 年金給付に関する情報

・解説と解答・

1) 適切である。市町村長が電子証明書を個人番号カードに記録することとされている（公的個人認証法3条7項、22条7項）。

2) 適切である。個人番号カードにはこれらの事項が電磁的方法により記録される（番号法2条7項）。なお、氏名については旧氏を記載している場合には、その旧氏を含む。

3) 適切である。個人番号カードの IC チップ内で、氏名等の事項が記録された部分と区分された部分において、条例で定める事務を処理するために必要な事項を電磁的方法により記録することができる（番号法18条1号）。

4) 不適切である。個人番号カードの IC チップには、地方税関係情報や年金給付関係情報等、プライバシー性の高い個人情報は記載されないものとされている（デジタル庁 FAQ 3−13)。

<u>正解　4)</u>

1−10　個人番号の取扱い

> 《問》個人番号の取扱いに関する次の記述のうち、最も不適切なものはどれか。
> 1）法令上認められた場合以外では、民間事業者が他人に対して個人番号の提供を求めることはできないものの、自己の個人番号を自らの意志で提供する場合は、法令上、提供に関する制限はない。
> 2）民間事業者が、法令上定められた社会保障や税分野の書類に従業員等の個人番号を記載することは、当該民間事業者に課せられた義務である。
> 3）個人番号の通知や利用、個人番号カードの交付の手続において、行政機関などが口座番号や口座の暗証番号を聞いたり、銀行の ATM の操作を求めることはいっさいない。
> 4）個人番号カードを所持している場合に、他の市町村へ転出した際に転出届を提出したときは、市町村長に対し、転入届と同時に個人番号カードを提出する必要がある。

・解説と解答・

1）不適切である。何人も、番号法19条各号により規定された場合を除き、個人番号を提供してはならない（同法19条柱書）。また、番号法において個人番号の提供を受けることができる場合を除き、他人（自己と同一の世帯に属する者以外の者をいう）の個人番号の提供を求めてはならない（同法15条）。

2）適切である。民間事業者として、法令上定められた社会保障や税分野の書類に従業員等の個人番号を記載することは、当該民間事業者に課せられた義務である（デジタル庁 FAQ 4−1−1）。

3）適切である。マイナンバーの通知や利用、マイナンバーカードの交付などの手続で、行政機関などが口座番号や口座の暗証番号、所得の情報、家族構成や年金・保険の情報などを聞いたり、お金やキャッシュカードを要求したりすることは一切ない。銀行の ATM の操作をお願いすることもない。こうした内容の電話、手紙、メール、訪問などには絶対に応じないよう、注意喚起している（デジタル庁 FAQ 1−8）。

4）適切である。個人番号カードの交付を受けた場合で、引越しなどで市町村

に転入届を出すときは、市町村長に対し、転入届（転入後に別の自治体へ転出する場合は最初の転入届）と個人番号カードを同時に提出し、個人番号カードの住所の記載を変更する必要がある（番号法17条2項・3項）。

<u>正解　1）</u>

1－11　個人番号カードの交付

《問》個人番号カードの交付に関する次の記述のうち、最も不適切なもの
はどれか。
1）個人番号カードは、住民票を有する20歳以上の者に対してのみ交付
される。
2）個人番号カードの交付申請を行うことは、法令上の義務ではない。
3）個人番号カードの交付申請者が成年被後見人の場合、法定代理人に
より、個人番号カードの交付申請を行う必要がある。
4）個人番号カードの交付申請は、パソコンやスマートフォンによるオ
ンライン申請で行うことができる。

・解説と解答・

1）不適切である。個人番号は、住民票を有するすべての者に対して指定され
たうえで、通知されるため、未成年者に対しても付番される（番号法7条
1項）。個人番号カードの交付条件に年齢制限はなく、未成年者であって
も申請すれば個人番号カードの交付を受けることができる（同法17条1
項）。なお、15歳未満および成年被後見人の場合には、法定代理人が申請
する必要がある（マイナンバーカード総合サイト、よくあるご質問「申請
方法について」）。
2）適切である。個人番号カードの交付の申請は任意であり、本人の写真を添
付したうえで、市町村長に申請することによって交付を受けることができ
る（番号法17条1項、施行令13条1項）。
3）適切である。成年被後見人は、法定代理人により、交付申請を行う必要が
ある（マイナンバーカード総合サイト、よくあるご質問「申請方法につい
て」）。
4）適切である。個人番号カードの交付申請は、個人番号通知書や通知カード
とともに送付される個人番号カード交付申請書に必要事項を記入し、本人
の写真を添付して郵送によって行う方法のほか、パソコンやスマートフォ
ンによるオンライン申請、交付申請に対応した街中の証明写真機から申請
する方法がある（マイナンバーカード総合サイト、よくあるご質問「申請
方法について」）。なお、通知カードは、2020年5月25日以降は、新規発行
や再交付は行わないが、個人番号カードの申請はそのままで引き続き可能

である。通知カードを持っている場合、通知カードに記載された氏名、住所等が住民票に記載されている事項と一致しているときは、引き続き通知カードを、マイナンバーを証明する書類として使用できる。同日以降、氏名、住所等の記載事項の変更がある方は、個人番号カードまたはマイナンバーが記載された住民票の写しもしくは住民票記載事項証明書でマイナンバーの証明が可能である。既に交付された通知カードを自宅で紛失した場合は市区町村への届出が必要となる。既に通知カードの交付を受けている者が個人番号カードの交付を受けるときには、通知カードを市区町村へ返納する必要がある（マイナンバーカード総合サイト「通知カードについて」）。

<u>正解　1）</u>

1-12　個人番号カードのセキュリティ対策

《問》個人番号カードのセキュリティ対策に関する次の記述のうち、最も
　　適切なものはどれか。
1）個人番号カードには、偽造を目的とした不正行為に対応するため、
　　耐タンパー性を有する IC チップが搭載されている。
2）個人番号カードを紛失した場合、夜間に当該カードの一時停止措置
　　を採る方法はない。
3）個人番号カードのセキュリティ対策として、暗証番号の設定は想定
　　されていない。
4）個人番号カード内の情報に対するアクセス権は、特に制御されてい
　　ない。

・解説と解答・

1）適切である。個人番号カードは、偽造を目的とした不正行為対策として、
　　耐タンパー性を有する IC チップを採用している（総務省 Web サイト
　　「マイナンバー制度とマイナンバーカード」「マイナンバーカード」）。耐タ
　　ンパー性とは、IC チップ内の情報が不正に読み出されたり、解析されよ
　　うとしたりした場合、自動的に内容が消去される等の対抗措置が講じられ
　　る性質のことをいう。タンパーは、改ざんするといった意味の英語。
2）不適切である。個人番号カードの紛失の際には、第三者によるカードの不
　　正利用を防止するため、コールセンターに連絡をすれば、昼夜問わず一時
　　利用停止措置を行うことが可能である（マイナンバーカード総合サイト
　　「紛失・一時停止／セキュリティ」）。
3）不適切である。個人番号カードは、セキュリティ対策として、暗証番号の
　　設定などの対策が採られている（総務省 Web サイト「マイナンバー制度
　　とマイナンバーカード」「マイナンバーカード」）。アプリケーションごと
　　に異なる暗証番号を設定して情報を保護し、また暗証番号の入力を一定回
　　数以上間違えるとカードがロックされる仕組みとなっている。
4）不適切である。個人番号カード内の情報に対するアクセス権は制御されて
　　いる（総務省 Web サイト「マイナンバー制度とマイナンバーカード」「マ
　　イナンバーカード」）。IC チップ内の各アプリケーション間は「アプリケ
　　ーションファイアウォール」により独立しており、アプリケーションごと

に条件や暗証番号等のアクセス権情報を設定することにより、各サービス
用システムから異なるアプリケーションへのアクセスを制御している。

正解　1)

1 −13　個人番号カードの紛失等

《問》個人番号カードの紛失等に関する次の記述のうち、最も適切なものはどれか。
1 ）個人番号カードを紛失したときは、直ちに、その旨を住所地の市町村長に届け出なければならない。
2 ）個人番号カードの紛失の届出を行った場合に、その後、紛失した当該個人番号カードを発見したときでも、その旨を住所地の市町村長に届け出る必要はなく、廃棄すればよい。
3 ）個人番号カードの再交付の申請は、紛失した場合にのみ行うことができる。
4 ）個人番号カードを紛失した場合には、再交付の申請を行うことができるが、その際に、紛失の事実を疎明するに足りる資料を添付する必要はない。

・解説と解答・

1 ）適切である。個人番号カードの交付を受けている者は、個人番号カードを紛失したときは、直ちに、その旨を住所地の市町村長に届け出なければならない（番号法17条 5 項）。

2 ）不適切である。個人番号カードの交付を受けている者が、紛失の届出を行った場合において、紛失した個人番号カードを発見したときは、遅滞なく、その旨を住所地の市町村長に届け出なければならない（個人番号・カード等命令28条 5 項、30条）。

3 ）不適切である。個人番号カードの交付を受けている者は、紛失した場合、焼失した場合、著しく損傷した場合、個人番号カードの機能が損なわれた場合に、住所地の市町村長に対して、個人番号カードの再交付の申請を行うことができる（個人番号・カード等命令28条 1 項）。

4 ）不適切である。個人番号カードの交付を受けている者が、個人番号カードを紛失、焼失等した場合には、再交付を住所地の市町村長に申請することができる（個人番号・カード等命令28条 1 項）。その際に、紛失または焼失の事実を疎明するに足りる資料を添付する（同条 3 項）。

正解　1 ）

1−14　個人番号関係事務①

《問》個人番号関係事務に関する次の記述のうち、最も適切なものはどれか。

1）個人番号は国民の利便性の向上を1つの目的として導入されているため、民間事業者は、従業員の管理のために個人番号を社員番号として利用することができる。

2）民間事業者は、個人番号関係事務が発生した時点に限り、個人番号の提供を本人に対して求めることができる。

3）従業員の個人番号を給与所得の源泉徴収票に記載して税務署に提出する事務は、民間事業者が取り扱う個人番号関係事務に含まれる。

4）民間事業者が、講師に対して講演料を支払った場合において、講師の個人番号を報酬、料金、契約金および賞金の支払調書に記載して、税務署長に提出することは個人番号関係事務に含まれない。

・解説と解答・

1）不適切である。従業員の管理は個人番号関係事務には該当せず、従業員の管理を目的として個人番号を社員番号として利用することはできない（事業者ガイドライン12頁）。

2）不適切である。個人番号関係事務が発生した時点で個人番号の提供を求めることが原則であるが、本人との法律関係等に基づき個人番号関係事務の発生が予想される場合にも、個人番号の提供を求めることができる（事業者ガイドライン23頁）。

3）適切である。税務関連の個人番号関係事務の一般的な例である。およそ従業員等を有するすべての事業者が個人番号を取り扱うこととなるのが個人番号関係事務である。具体的には、事業者が、法令に基づき、従業員等の個人番号を給与所得の源泉徴収票、支払調書、健康保険・厚生年金保険被保険者資格取得届等の書類に記載して、行政機関等および健康保険組合等に提出する事務である。行政機関等および健康保険組合等の個人番号利用事務実施者は、このようにして提出された書類等に記載されている特定個人情報を利用して、社会保障、税および災害対策に関する特定の事務を行うこととなる（事業者ガイドライン13頁）。

4）不適切である。「事業者が、講師に対して講演料を支払った場合において、

所得税法第225条第1項の規定に従って、講師の個人番号を報酬、料金、契約金及び賞金の支払調書に記載して、税務署長に提出することは個人番号関係事務に当たる」（事業者ガイドライン13頁）とされている。

正解　3）

1－15　個人番号関係事務②

《問》個人番号関係事務に関する次の記述のうち、最も適切なものはどれか。

1）民間事業者が健康保険・厚生年金保険被保険者資格取得届等の書類に、従業員等の個人番号を記載して行政機関等や健康保険組合等に提出する事務は、個人番号関係事務に含まれる。

2）個人番号関係事務を行うにあたり、従業員等を有する民間事業者のうち小規模な民間事業者については、番号法が適用されない。

3）民間事業者は、個人番号関係事務に含まれない事務のために作成した書類であっても、国の機関または地方公共団体に提出する書類であれば、個人番号を記載し、提出することができる。

4）民間事業者が従業員から扶養親族の個人番号が記載された扶養控除等申告書の提供を受ける手続において、従業員は、扶養親族の代理人となる。

・解説と解答・

1）適切である。民間事業者が健康保険・厚生年金保険被保険者資格取得届等の書類に、従業員等の個人番号を記載して行政機関等や健康保険組合等に提出する事務は、社会保障関連の個人番号関係事務の一般的な例である（事業者ガイドライン13頁）。

2）不適切である。個人番号関係事務を行う場合は、事業規模にかかわらず、すべての民間事業者に番号法が適用される（事業者ガイドライン6頁）。

3）不適切である。個人番号の利用および提供は、法令で定められた場合に限って行うことができる。よって、国の機関、地方公共団体等に提出する書類であっても、当該書類に関する事務が法令に定められていない場合は、民間事業者が任意に個人番号を記載して提出することはできない（番号法9条4項、19条2号）。

4）不適切である。扶養控除等申告書に扶養親族の個人番号を記載して提出する手続では、従業員は個人番号関係事務実施者となるため、扶養親族の代理人となるものではない（事業者ガイドライン13頁、Q&A1－11）。

正解　1）

1－16　個人番号利用事務

《問》個人番号利用事務に関する次の記述のうち、最も不適切なものはどれか。

1）基金型確定給付企業年金基金が年金受給者等の個人番号を取り扱う事務は、個人番号利用事務である。

2）企業型確定拠出年金を実施する民間事業者が年金受給者等の個人番号を取り扱う事務は、個人番号利用事務である。

3）健康保険組合は、個人番号利用事務を行うことはない。

4）民間事業者は、行政機関等から個人番号利用事務の委託を受けた場合には、個人番号利用事務を行うことになる。

・解説と解答・

1）適切である。確定給付企業年金の事業主および確定給付企業年金基金（確定給付企業年金法29条1項において「事業主等」と定義される。）は、年金給付や一時金支給に関する事務で年金受給者等の個人番号を取り扱うことになるが、この事務は、個人番号利用事務とされている（番号法9条1項、同法別表第1第71号）。

2）適切である。企業型確定拠出年金を実施する事業所の事業主（確定拠出年金法3条3項1号）は、年金給付や脱退一時金の支給に関する事務で年金受給者等の個人番号を取り扱うことになるが、この事務は、個人番号利用事務とされている（番号法9条1項、同法別表第1第72号）。

3）不適切である。健康保険組合が行う保険給付の支給、保険料等の徴収に関する事務は、個人番号利用事務とされている（番号法9条1項、同法別表第1第2号）。

4）適切である。個人番号利用事務は、主として行政機関等で対応する内容の事務であるが、一般の民間事業者も、行政機関等から個人番号利用事務の委託を受けた場合は、これを取り扱う場合がある（事業者ガイドライン13頁）。

正解　3）

1−17 特定個人情報

> 《問》特定個人情報の提供に関する次の記述のうち、最も適切なものはどれか。
> 1）上場会社の株主が証券会社に告知した個人番号は、振替機関を経由して発行会社に提供されることがある。
> 2）民間事業者は、給与事務を子会社に委託する場合であっても、従業員等の特定個人情報を委託先に提供することはできない。
> 3）民間事業者は、訴訟手続における裁判所の命令に基づく場合でも、特定個人情報を提供することはできない。
> 4）特定個人情報の提示を受けるにとどまる事務であっても、特定個人情報の収集に該当する。

・解説と解答・

1）適切である（金融業務ガイドライン13頁）。

2）不適切である。委託に伴って、特定個人情報を提供することは認められている（番号法19条6号）。

3）不適切である。番号法19条15号により提供が許される。

4）不適切である。何人も、番号法19条各号のいずれかに該当する場合を除き、特定個人情報（他人の個人番号を含むものに限る）を収集し、または保管してはならないとされている（番号法20条）。この「収集」とは、集める意思を持って自己の占有に置くことを意味し、例えば、人から個人番号を記載したメモを受け取ること、人から聞き取った個人番号をメモすること等、直接取得する場合のほか、電子計算機等を操作して個人番号を画面上に表示させ、その個人番号を書き取ること、プリントアウトすること等を含む。一方、特定個人情報の提示を受けただけでは、「収集」に当たらない（事業者ガイドライン30頁）。また、この「他人」とは、「自己と同一の世帯に属する者以外の者」であり、子、配偶者等の自己と同一の世帯に属する者の特定個人情報は、同法19条各号のいずれかに該当しなくても、収集または保管することができる（事業者ガイドライン30頁）。

正解 1）

1－18　特定個人情報の提供制限①

《問》特定個人情報の提供制限に関する次の記述のうち、最も不適切なものはどれか。

1）番号法に基づく特定個人情報の提供については、番号法19条各号において列挙されている事由に該当する場合にのみ許される。

2）弁護士法23条の2に基づく弁護士会からの照会は、特定個人情報の提供制限の例外に該当する。

3）インターネット等に自らの個人番号を公表する行為は、番号法の提供制限に違反する可能性がある。

4）民間事業者において、従業員のグループ会社への出向に伴い、本人の同意を得ることなく、共有データベース内で自動的にアクセス制限を解除する等して出向元の会社のファイルから出向先の会社のファイルに個人番号を移動させることは、提供制限に違反する。

・解説と解答・

1）適切である。番号法19条の1号から16号に列挙されている事由および、その他これらに準ずるものとして個人情報保護委員会規則で定める事由に該当する場合（同条17号）にのみ特定個人情報の提供が許される。同条各号は以下の通り。

・個人番号利用事務実施者からの提供（1号）

・個人番号関係事務実施者からの提供（2号）

・本人または代理人からの提供（3号）

・使用者等から他の使用者等に対する従業者等に関する特定個人情報の提供（4号）

・地方公共団体情報システム機構からの提供（5号）

・委託、合併に伴う提供（6号）

・住民基本台帳法上の本人確認情報等（7号）

・情報提供ネットワークシステムを通じた提供（8号および9号）

・地方税法に基づく国税連携および地方税連携（10号）

・地方公共団体の機関間（11号）

・株式等振替制度を活用した個人番号の提供（12号）

・個人情報保護委員会からの提供の求め（13号）

・地方公共団体情報システム機構処理事務の適正な実施を確保するための総務大臣への提供（14号）

・各議院審査等その他公益上の必要があるときの提供（15号）

・人の生命、身体または財産の保護のための提供（16号）

・個人情報保護委員会規則（17号）

2）不適切である。弁護士会照会については、施行令パブコメ287番の回答において提供制限の例外には該当しないとの考え方が示されている。

3）適切である。インターネット等に自らの個人番号を公表する行為については、番号法19条の提供制限に違反する可能性があることが指摘されている（個人情報保護委員会事務局「インターネット等におけるマイナンバー（個人番号）の公表に対する注意喚起（再周知）（2019年8月2日）」参照）。また、インターネット等に掲載された個人番号を見た他人が、インターネット等において公表されている個人番号をプリントアウト等して収集した場合には、番号法20条の収集制限に違反する可能性があるとされている。

4）適切である。従業員等の出向に伴い、本人の同意を得ることなく、共有データベース内で自動的にアクセス制限を解除する等して出向元の会社のファイルから出向先の会社のファイルに個人番号を移動させることは、提供制限に違反する（事業者ガイドライン25頁）。

正解　2）

1－19　特定個人情報の提供制限②

《問》番号法によると、従業者の退職があった場合において、退職前の使用者から再就職先の使用者に対して、当該従業者の特定個人情報を提供することができるとされているが、当該提供に関する次の記述のうち、最も不適切なものはどれか。
1）退職前の使用者は、従業者の再就職先の決定以後に、個人番号を含む特定個人情報の具体的な提供先を明らかにしたうえで、当該従業者から同意を取得する必要がある。
2）特定個人情報の提供を受けた再就職先の使用者は、番号法16条に基づく本人確認が不要である。
3）提供が認められる特定個人情報の範囲には、前職の給与額が含まれる。
4）提供が認められる特定個人情報の範囲には、前職の離職理由が含まれる。

・解説と解答・

1）適切である（事業者ガイドライン26、27頁）。従業者本人の同意があった場合における転職時等の使用者間での特定個人情報の提供は、番号法19条の1号から17号に列挙された特定個人情報の提供が許される事由の1つである。「一の使用者等（使用者、法人又は国若しくは地方公共団体をいう。以下この号において同じ。）における従業者等（従業者、法人の業務を執行する役員又は国若しくは地方公共団体の公務員をいう。以下この号において同じ。）であった者が他の使用者等における従業者等になった場合において、当該従業者等の同意を得て、当該一の使用者等が当該他の使用者等に対し、その個人番号関係事務を処理するために必要な限度で当該従業者等の個人番号を含む特定個人情報を提供するとき」（同法19条4号）。なお、「従業者等の同意を得」るとは、従業者等の承諾する旨の意思表示を使用者等が認識することをいい、特定個人情報の取扱状況に応じ、従業者等が同意に係る判断を行うために必要と考えられる合理的かつ適切な方法によらなければならない。
2）適切である（事業者ガイドライン27頁）。
3）適切である（事業者ガイドライン27頁）。番号法19条4号に基づき提供が

認められる特定個人情報の範囲は、社会保障、税分野に係る健康保険・厚生年金保険被保険者資格取得届、給与支払報告書や支払調書の提出など、出向・転籍・再就職等先の使用者等が「その個人番号関係事務を処理するために必要な限度」に限定される。例えば、従業者等の氏名、住所、生年月日等や前職の給与額等については、これらの社会保障、税分野に係る届出、提出等に必要な情報であることが想定されるため、同号に基づく提供が認められる。一方、個別の事案ごとに、具体的に判断されることになるが、前職の離職理由等の、当該届出、提出等に必要な情報であるとは想定されない情報については、同号に基づく提供は認められないと解される。

4）不適切である（事業者ガイドライン27頁）。3）の解説参照。

<u>正解　4）</u>

1－20 法人番号

> 《問》法人番号に関する次の記述のうち、最も不適切なものはどれか。
> 1）設立登記法人の法人番号は、会社法人等番号を基礎番号とし、これに1桁の検査用数字を付した番号により生成される。
> 2）法人番号は、一定の要件を満たした場合、変更することができる。
> 3）法人番号は、法人ごとに1つの法人番号が付番され、支店・支部や事業所単位では付番されない。
> 4）設立登記法人以外の法人番号は、国税庁で独自に13桁の法人番号を生成して付番される。

・解説と解答・

1）適切である。法人番号は、12桁の基礎番号およびその前に付された1桁の検査用数字（チェックデジット：法人番号をコンピューターに入力するときに誤りのないことを確認することを目的として、基礎番号を基礎として財務省令で定める算式により算出される1から9までの整数）で構成される13桁の番号である。例えば、株式会社など、会社法等の規定により設立の登記をした法人（設立登記法人）の法人番号を構成する基礎番号は、法務省から提供を受ける商業登記法に基づく「会社法人等番号（12桁）」となる。また、設立登記法人以外の団体は、国税庁長官が会社法人等番号（12桁）と重複することのない12桁の基礎番号を定める。この12桁の基礎番号の前に1桁の検査用数字を付した番号を法人番号として指定することになる。なお、一度指定された法人番号を変更することはできない（国税庁FAQ）。

2）不適切である。法人番号は、個人番号と異なり、変更することが認められていない（国税庁FAQ）。

3）適切である（国税庁FAQ）。

4）適切である（国税庁FAQ）。

正解　2）

1－21　法人番号の付番

《問》法人番号の付番に関する次の記述のうち、最も適切なものはどれ
　　か。
　1）法人番号は、宗教法人に対して付番されない。
　2）法人番号は、設立の登記をした法人に対して付番される。
　3）法人番号は、地方公共団体に対して付番されない。
　4）法人番号は、個人事業主に対して付番される。

・解説と解答・

　法人番号は、国の機関、地方公共団体、設立登記法人、設立登記のない法人
または人格のない社団等のうち給与支払事務所等の開設届出書等を提出するこ
ととされている団体に指定される。しかし、法人等の支店や事業所等、個人事
業主、民法上の組合、有限責任事業組合等には指定されない（番号法39条1
項、国税庁 FAQ）。
　1）不適切である。
　2）適切である。
　3）不適切である。
　4）不適切である。

正解　2）

1－22　個人番号と法人番号

《問》個人番号と法人番号に関する次の記述のうち、最も適切なものはどれか。
1）番号法においては、法人番号についても個人番号と同じ利用目的の制限が定められている。
2）個人番号は13桁の数字であり、法人番号は12桁の数字である。
3）個人番号は公表されないが、会社法その他の法令の規定により、設立の登記をした法人の法人番号は公表される。
4）法人番号は、総務省が所管しており、総務大臣から書面により通知される。

・解説と解答・

1）不適切である。番号法上、法人番号については、個人番号と異なり、利用目的の制限に関する規定は設けられていない（国税庁FAQ）。
2）不適切である。個人番号は12桁であり、法人番号は13桁である。「法人番号は、（中略）十二桁の番号（以下この条において「基礎番号」という。）及びその前に付された一桁の検査用数字（法人番号を電子計算機に入力するときに誤りのないことを確認することを目的として、基礎番号を基礎として財務省令で定める算式により算出される一から九までの整数をいう。）により構成されるものとする」（施行令35条1項）。
3）適切である。設立登記法人の法人番号は、国税庁の法人番号公表サイトにおいて公表される。
4）不適切である。法人番号を所管するのは国税庁であり、付番も国税庁長官が実施する（番号法39条1項）。

正解　3）

1-23 番号法と個人情報保護法①

《問》番号法と個人情報保護法との関係および相違点に関する次の記述の
うち、最も不適切なものはどれか。
1) 個人情報については、本人の同意があれば、第三者に提供すること
が認められているが、特定個人情報は、本人の同意があったとして
も、番号法に定められている事由に該当しなければ、第三者に提供
することは認められていない。
2) 顧客の個人番号を取り扱う業務および一般の個人データを取り扱う
業務は、第三者に業務を委託することが認められているが、再委託
以降の委託において、顧客の個人番号を取り扱う業務について、番
号法では個人情報保護法における取扱いと異なり、当初の委託元の
許諾が必須とされている。
3) 個人情報については、個人情報保護法上、利用可能な事務の範囲に
制限はなく、利用目的の特定も不要であるが、個人番号について
は、番号法上、利用可能な事務の範囲は、社会保障、税、災害対策
等に関する特定の事務に限定されており、利用目的の特定も必要で
ある。
4) 番号法には、正当な理由なく特定個人情報ファイルを提供した場合
を直接的に罰する規定が設けられている。

・解説と解答・

1) 適切である。特定個人情報については、番号法19条各号のいずれかに該当
しなければ、本人の同意の有無を問わず第三者提供が許されないが、個人
情報については、本人の同意があれば、個人情報保護法27条1項各号の要
件を満たさなくても第三者提供が可能となる（同項柱書）。
2) 適切である。顧客の個人番号を取り扱う業務も一般の個人データを取り扱
う業務も第三者に業務を委託することは認められている。再委託以降の委
託において、個人番号を取り扱う業務について、番号法では個人情報保護
法における取扱いと異なり、当初の委託元の「許諾を得た場合に限り、そ
の全部または一部を再委託することができる」と規定されている（番号法
10条1項、事業者ガイドライン19頁）。
3) 不適切である。個人情報については、個人情報保護法上、利用可能な事務

の範囲に制限はないが、利用目的の特定は必要であり、原則として、特定
された利用目的の達成に必要な範囲を超えて個人情報を取り扱ってはなら
ない（個人情報保護法17条 1 項・18条 1 項）。個人番号については、設問
のとおり、利用可能な事務の範囲は、社会保障、税、災害対策等に関する
特定の事務に限定されており（番号法 9 条）、また、個人情報と同様に、
個人番号についても利用目的の特定が必要であり、原則として、特定され
た利用目的の達成に必要な範囲を超えて個人番号を取り扱ってはならない
（番号法30条 2 項、個人情報保護法18条 1 項）。

4 ）適切である。番号法には、正当な理由なく特定個人情報ファイルを提供し
た場合（番号法48条）などについて直接罰の規定が設けられている。

正解　3 ）

1－24　番号法と個人情報保護法②

《問》番号法と個人情報保護法との関係および相違点に関する次の記述の
うち、最も不適切なものはどれか。
1 ）一般的な個人情報と異なり、特定個人情報については、番号法で認
められる場合に限って保管することができる。
2 ）一般的な個人情報と同様に、特定個人情報は、本人の同意があれば
第三者に提供することができる。
3 ）特定個人情報も個人情報に含まれることから、番号法だけではな
く、個人情報保護法も適用される。
4 ）個人情報保護法では、個人情報の収集の際の本人確認義務を特段設
けていないが、番号法では、本人から個人番号の提供を受けるとき
は、番号法所定の本人確認の措置を採らなければならないとされて
いる。

・解説と解答・

1 ）適切である。番号法20条において、同様の趣旨の規定が設けられている。
なお、一般的な個人情報についても、2015年の改正により廃棄の努力義務
が設けられたものの、努力義務にとどまり（個人情報保護法22条）、保管
が法令で認められる場合に限定されるわけではない。
2 ）不適切である。特定個人情報については、番号法19条各号のいずれかに該
当しなければ、本人の同意の有無を問わず第三者提供が許されない。
3 ）適切である。特定個人情報については、番号法30条 2 項により適用されな
い規定を除き、利用目的の特定および通知・公表（個人情報保護法17条 1
項、同法21条 1 項）など、個人情報保護法も適用される。
4 ）適切である（番号法16条）。

正解　2 ）

1-25 特定個人情報保護評価

《問》特定個人情報保護評価に関する次の記述のうち、最も不適切なものはどれか。

1）国の行政機関の長は特定個人情報保護評価の実施主体となるが、地方公共団体の機関は特定個人情報保護評価の実施主体とならない。

2）民間事業者は、任意の判断により特定個人情報保護評価を実施することができる。

3）特定個人情報保護評価を実施する機関は、少なくとも1年ごとに、公表した特定個人情報保護評価書に記載した事項の見直しを行うよう努めるものとし、当該評価書に記載した事項に変更があった場合は速やかに当該評価書を修正するものとする。

4）特定個人情報保護評価については、番号法上、個人情報保護委員会が指針を作成および公表するものとされている。

・解説と解答・

1）不適切である。国の行政機関の長のほか、地方公共団体の機関にも特定個人情報保護評価を実施することが義務付けられている（番号法28条1項、2条14項）。特定個人情報保護評価とは、情報提供ネットワークシステムを使用して情報連携を行う事業者が、特定個人情報の漏えいその他の事態を発生させるリスクを分析し、そのようなリスクを軽減するための適切な措置を講ずることを宣言するものである。行政機関等以外の者で、情報提供ネットワークシステムを使用して情報連携を行う事業者としては、健康保険組合等が挙げられる（事業者ガイドライン37頁）。

2）適切である。健康保険組合等を除く一般の民間事業者は、特定個人情報保護評価を実施する義務を負わないが、任意に実施することは有益であるとされている（事業者ガイドライン37頁）。

3）適切である。特定個人情報保護評価に関する規則14条1項により、定期的な見直しを行うよう努めることが義務付けられている。

4）適切である。特定個人情報保護評価については、個人情報保護委員会が指針を作成および公表するものとされている（番号法27条1項）。

正解　1）

1-26 公的個人認証サービス

《問》公的個人認証サービスに関する次の記述のうち、最も不適切なもの
はどれか。
1）公的個人認証サービスにおける電子証明書は2種類あり、署名用電
子証明書と利用者証明用電子証明書である。
2）公的個人認証サービスによる本人確認は、犯罪収益移転防止法に基
づく取引時確認の方法として認められている。
3）公的個人認証サービスを受けるためには、個人番号カードとは別の
専用カードを申し込む必要がある。
4）公的個人認証サービスとは、公的個人認証法に基づいて、行政手続
の電子申請の際に、他人によるなりすまし申請や通信途中での改ざ
んなどを防ぐために、利用者が使用する電子証明書を交付するサー
ビスのことをいう。

・解説と解答・

1）適切である。公的個人認証サービスにおける電子証明書には、署名用電子
証明書と利用者証明用電子証明書の2種類がある。署名用電子証明書は、
インターネット等で電子文書を作成・送信する際に利用する（例：e-Tax
等の電子申請）。「作成・送信した電子文書が、利用者が作成した真正なも
のであり、利用者が送信したものであること」を証明することができる。
利用者証明用電子証明書は、インターネットサイトやコンビニ等のキオス
ク端末等にログインする際に利用する（例：マイナポータルへのログイ
ン、コンビニでの公的な証明書の交付）。「ログインした者が、利用者本人
であること」を証明することができる（総務省 Web サイト「マイナンバ
ー制度とマイナンバーカード」参照）。
2）適切である。公的個人認証サービスによる本人確認は、犯罪収益移転防止
法に基づく取引時確認の方法として認められている（同法4条、同法施行
規則6条1項1号ワ）。
3）不適切である。公的個人認証法に基づき、個人番号カードに電子証明書が
搭載されるため、個人番号カードによって、電子証明書を用いた公的個人
認証サービスの利用が可能となる（総務省 Web サイト「マイナンバー制
度とマイナンバーカード」参照）。

4）適切である。オンラインでの行政手続等における本人確認のための公的サービス、なりすまし・改ざんを防ぎ、送信否認を担保するため、高いセキュリティの確保等が、公的個人認証サービスの概要として説明されている（総務省 Web サイト「マイナンバー制度とマイナンバーカード」参照）。

正解　3）

1－27　マイナポータル

《問》インターネットサービスである「マイナポータル」に関する次の記述のうち、最も不適切なものはどれか。
1）マイナポータルは、個人番号カードを保有していなくても利用することができる。
2）マイナポータルのサービス機能として、確定申告等を行う際に必要となる寄附金控除の集計を容易にし、電子的に利用できるサービスがある。
3）マイナポータルには、「ぴったりサービス」という「サービス検索機能」がある。
4）マイナポータルの利用には、なりすまし防止のために公的個人認証が採用されている。

・解答と解説・

1）不適切である。マイナポータルにログインする際の本人認証のために、個人番号カードが必要となる（デジタル庁 Web サイト「マイナポータル」）。マイナポータル（Web サイト）は、子育てや介護などの行政手続の検索、オンラインでの申請など、ワンストップのサービスを提供している。行政機関等が保有する自身の情報を確認することや、行政機関等からのお知らせ内容を確認することもできる。また、様々なサービスを提供する民間企業とは、社会保険や税などの手続のため、システム間での連携（API 連携）も可能となっている。
2）適切である。マイナポータルの１つの機能として、民間の電子送達サービスと連携し、確定申告等を行う際に必要となる寄附金控除の集計を容易にしたり、電子的に利用することを可能とすることなどが挙げられている（デジタル庁 Web サイト「マイナポータル」）。
3）適切である。マイナポータルは、情報表示機能（情報提供等記録表示・自己情報表示）、お知らせ機能、サービス検索・電子申請機能（ぴったりサービス）のサービスを開始している。（デジタル庁 Web サイト「マイナポータル」）。
4）適切である。マイナポータルへのログインの際には、公的個人認証が採用されている（総務省 Web サイト「マイナンバー制度とマイナンバーカー

ド」「公的個人認証サービスによる電子証明書」)。

__正解　1)__

1－28　番号法と罰則

《問》番号法と罰則の説明に関する次の記述のうち、適切なものはいくつ
　　あるか。

(a) 番号法には、番号法違反の行為に係る是正命令に違反したことに対
　　する罰則の定めのほか、番号法違反を直接的に罰する規定が設けら
　　れている。

(b) 偽りその他不正の手段により個人番号カードの交付を受けた場合、
　　番号法により処罰されることはない。

(c) 個人番号関係事務に従事する者が、業務に関して知り得た個人番号
　　を自己や第三者の不正な利益を図る目的で提供し、または盗用した
　　場合、番号法により処罰される。

(d) 人を欺き、人に暴行を加え、人を脅迫し、または、財物の窃取、
　　施設への侵入等により個人番号を取得した場合、番号法により処罰
　　される。

　1）　1つ
　2）　2つ
　3）　3つ
　4）　4つ

・解説と解答・

(a) 適切である。番号法には、同法違反の行為に係る是正命令に違反したこと
　　に対する罰則（間接罰）（同法53条）のほか、同法違反を直接的に罰する
　　規定（直接罰）（同法48条等）が設けられている。

(b) 不適切である。偽りその他不正の手段により、個人番号カードの交付を
　　受けた者に対する罰則が定められている（番号法55条）。

(c) 適切である（番号法49条）。

(d) 適切である（番号法51条）。

正解　3）

第 2 章

マイナンバー保護対策

2－1　個人番号の取扱い①

《問》個人番号の取扱いに関する次の記述のうち、最も適切なものはどれ
か。
1）給与事務担当者として個人番号関係事務に従事する者は、当該個人
番号関係事務以外の目的で他の従業員の特定個人情報をノートに書
き写してはならない。
2）税務署では、顧客の個人番号が記載されていない法定調書が提出さ
れた場合、当該書類を収受しないこととされている。
3）顧客の個人情報の取扱いについて、既にプライバシーポリシーが定
められていた場合であっても、これとは別に、顧客の個人番号の取
扱いに関するプライバシーポリシーを新規に作成しなければならな
い。
4）民間事業者が、行政機関から個人番号を取り扱う事務の委託を受け
た場合、番号法の適用は受けないとされている。

・解説と解答・

1）適切である。「事業者の給与事務担当者として個人番号関係事務に従事す
る者が、その個人番号関係事務以外の目的で他の従業員等の特定個人情報
をノートに書き写してはならない」と例示されている（事業者ガイドライ
ン30頁）。何人も、番号法19条各号のいずれかに該当する場合を除き、他
人の個人番号を含む特定個人情報を収集または保管してはならないとされ
ている（同法20条）。
2）不適切である。税務署では、番号制度導入直後の混乱を回避する観点など
を考慮し、個人番号・法人番号の記載がない場合でも書類を収受すること
としている（Q&A19－6、国税庁「法定調書に関するFAQ」Q1－2）。
法定調書の作成などに際し、顧客から個人番号の提供を受けられない場合
でも、安易に法定調書等に個人番号を記載しないで税務署等に書類を提出
せず、顧客に対して個人番号の記載は、法律（国税通則法、所得税法等）
で定められた義務であることを伝え、提供を求める必要がある。それでも
なお、提供を受けられない場合は、提供を求めた経過等を記録、保存する
などし、単なる義務違反でないことを明確にしておく（Q&A19－6）。
3）不適切である。個人情報と個人番号の規制内容の違いを踏まえて顧客の個

人番号に対応したプライバシーポリシーとする必要があるが、顧客の個人
情報用のプライバシーポリシーの調整による方法でもよく、個人情報用と
は別に新規で個人番号用を作成することまでは義務付けられていない。
Q12－1においても同様の考え方が示されている。

4）不適切である。民間事業者が、行政機関または他の事業者から個人番号を
取り扱う事務の委託を受けた場合も、番号法の適用を受けるとされている
（事業者ガイドライン6、7頁）。

<u>正解　1）</u>

2－2　個人番号の取扱い②

《問》個人番号の取扱いに関する次の記述のうち、最も適切なものはどれ
か。

1）民間事業者は、雇用保険などの社会保障分野に関して、個人番号を
取り扱うことはない。

2）民間事業者がマイナンバー制度に対応するための社内ルールを定め
る方法としては、マイナンバー制度用の社内規定等を独立して新た
に作成する必要はなく、既存の個人情報の保護に係る社内規定等に
特定個人情報の取扱いを追記する方法も認められている。

3）事業者ガイドラインにおいては、安全管理措置の検討手順や内容の
要点が示されておらず、事業者の特性や規模に応じて事業者ごとに
安全管理措置を検討すれば足りる。

4）個人番号を暗号化等により秘匿化すれば、個人番号に該当しない。

・解説と解答・

1）不適切である。個人番号は、主に税、社会保障、災害対策の3分野で利用
されるものであり、社会保障分野においても、雇用保険被保険者資格取得
届に個人番号を記載するなどの取扱いが必要となる。

2）適切である。既存の個人情報の保護に係る取扱規定等がある場合には、特
定個人情報の取扱いを追記することも可能とされている（Q&A13－1）。

3）不適切である。事業者ガイドライン安全管理措置別添に、次の通り、安全
管理措置の検討手順および内容の要点が示されている。

○番号法における安全管理措置の考え方

番号法は、個人番号を利用できる事務の範囲、特定個人情報ファイルを
作成できる範囲、特定個人情報を収集・保管・提供できる範囲等を制限し
ている。したがって、事業者は、個人番号（生存する個人のものだけでな
く死者のものも含む）および特定個人情報（以下「特定個人情報等」とい
う）の漏えい、減失または毀損（以下「漏えい等」という）の防止等のた
めの安全管理措置の検討に当たり、次に掲げる事項を明確にすることが重
要である。

A　個人番号を取り扱う事務の範囲

B　特定個人情報等の範囲

C　特定個人情報等を取り扱う事務に従事する従業者（注）（以下「事務取扱担当者」という）

（注）「従業者」とは、事業者の組織内にあって直接間接に事業者の指揮監督を受けて事業者の業務に従事している者をいう。具体的には、従業員のほか、取締役、監査役、理事、監事、派遣社員等を含む。

○安全管理措置の検討手順

　事業者は、特定個人情報等の適正な取扱いに関する安全管理措置について、次のような手順で検討を行う必要がある。

A　個人番号を取り扱う事務の範囲の明確化

B　特定個人情報等の範囲の明確化

C　事務取扱担当者の明確化

D　特定個人情報等の安全管理措置に関する基本方針（以下「基本方針」という）の策定

E　取扱規程等の策定

○ 講ずべき安全管理措置の内容

　事業者は、安全管理措置の検討に当たり、番号法および個人情報保護法等関係法令ならびに事業者ガイドラインおよび個人情報保護法ガイドライン等を遵守しなければならない。事業者ガイドラインは、次に掲げる項目に沿って記述している。

A　基本方針の策定

B　取扱規程等の策定

C　組織的安全管理措置

D　人的安全管理措置

E　物理的安全管理措置

F　技術的安全管理措置

G　外的環境の把握

4) 不適切である。個人番号は、仮に暗号化等により秘匿化されていても、その秘匿化されたものについても個人番号を一定の法則に従って変換したものであることから、番号法2条8項に規定する個人番号に該当する（Q&A9-2）。

正解　2)

48

2−3 特定個人情報の安全管理措置①

《問》特定個人情報の安全管理措置に関する次の記述のうち、最も不適切
　　なものはどれか。
1）安全管理措置の検討手順として、民間事業者は、①個人番号を取り
　　扱う事務の範囲および②特定個人情報等の範囲を明確にしたうえ
　　で、③事務取扱担当者を明確にしておく必要があるとされている。
2）従業員数が300人以下の事業者については、特定個人情報の安全管
　　理措置について一部例外はあるものの、中小規模事業者の特例的な
　　対応が定められている。
3）安全管理措置の一環として策定する基本方針の代表的な項目として
　　は、事業者の名称、関連法令および事業者ガイドライン・金融業務
　　ガイドライン等の遵守、安全管理措置に関する事項、質問および苦
　　情処理の窓口等がある。
4）安全管理措置として策定した基本方針は、公表が義務付けられてい
　　ない。

・解説と解答・

1）適切である。安全管理措置の検討手順として特定個人情報等の取扱いを検
　　討するにあたって、①から③までの内容を明確にしておく必要があるとさ
　　れている（事業者ガイドライン安全管理措置別添1）。これらを踏まえ、
　　特定個人情報等の適正な取扱いの確保について組織として取り組むため
　　に、基本方針を策定することが重要である。また、取扱規程等を策定し、
　　特定個人情報等を取り扱う体制の整備および情報システムの改修等を行う
　　必要がある。
2）不適切である。中小規模事業者の特例が定められているのは、従業員数が
　　100人以下の事業者である（事業者ガイドライン安全管理措置別添1）。た
　　だし、次に掲げる事業者を除く。
　　・個人番号利用事務実施者
　　・委託に基づいて個人番号関係事務または個人番号利用事務を業務として
　　　行う事業者
　　・金融分野（個人情報保護委員会・金融庁作成の「金融分野における個人
　　　情報保護に関するガイドライン」1条1項に定義される金融分野）の事

業者

・その事業の用に供する個人情報データベース等を構成する個人情報によって識別される特定の個人の数の合計が過去6月以内のいずれかの日において5000を超える事業者

3）適切である（事業者ガイドライン安全管理措置別添1A）。

4）適切である。基本方針は、公表を義務付けるものではないとされている（Q&A12−2）。

正解　2）

2－4　特定個人情報の安全管理措置②

《問》特定個人情報の安全管理措置に関する次の記述のうち、最も不適切なものはどれか。

1）講ずべき安全管理措置の内容として、①基本方針の策定、②取扱規程等の策定、③組織的安全管理措置、④人的安全管理措置、⑤物理的安全管理措置、⑥技術的安全管理措置、⑦外的環境の把握がある。

2）人的安全管理措置は、事務取扱担当者の監督および事務取扱担当者の教育から構成される。

3）情報漏えいが発生した場合の事後的な対応策を講じておけば、外部からの不正アクセス等の防止策は必ずしも講じる必要はない。

4）民間事業者は、本人から、個人情報保護法に基づいて特定個人情報の開示を求められた場合、本人に対しその特定個人情報を提供することができる。

・解説と解答・

1）適切である（事業者ガイドライン安全管理措置別添1A～G）。

2）適切である。監督と教育が人的安全管理措置を構成する2つの要素である（事業者ガイドライン安全管理措置別添1D）。

3）不適切である。情報漏えいに関する事後的な対応策とは別に、技術的安全管理措置の内容として、外部からの不正アクセス等の防止策を講じることが求められている（事業者ガイドライン安全管理措置別添1F）。

4）適切である。法の解釈上当然に提供が認められると考えられている（事業者ガイドライン29頁）。

正解　3）

2－5　特定個人情報の安全管理措置③

《問》特定個人情報の組織的安全管理措置および物理的安全管理措置に関する次の記述のうち、最も適切なものはどれか。

1）民間事業者は、組織的安全管理措置の1つとして、取扱規程等に基づく運用状況を確認するため、特定個人情報等の利用状況等を記録しなければならないものとされており、記録する項目の具体例として、特定個人情報ファイルの利用・出力状況の記録や、書類・媒体等の持運びの記録が挙げられる。

2）特定個人情報ファイルの取扱状況を確認するために記録する項目として、個人番号、特定個人情報ファイルの種類・名称、責任者・取扱部署、利用目的、削除・廃棄状況、アクセス権を有する者が挙げられる。

3）管理区域における具体的な物理的安全管理措置としては、座席配置の工夫や壁または間仕切りの設置がある。

4）中小規模事業者において、特定個人情報等が記録された書類を持ち出す場合に、封筒に封入し鞄に入れて搬送する対応は、物理的安全管理措置として認められない。

・解説と解答・

1）適切である。民間事業者は、特定個人情報等の適正な取扱いのために、取扱規程等に基づく運用状況を確認するため、特定個人情報等の利用状況等を記録しなければならないものとされており、記録する項目の例示として特定個人情報ファイルの利用・出力状況の記録や、書類・媒体等の持運びの記録が挙げられている（事業者ガイドライン安全管理措置別添1C）。

2）不適切である。特定個人情報ファイルの種類・名称、責任者・取扱部署、利用目的、削除・廃棄状況、アクセス権を有する者の記録を作成することは、特定個人情報ファイルの取扱状況を確認するための手段として想定されているが、取扱状況を確認するための記録等には、特定個人情報等（個人番号）は記載しないこととされている（事業者ガイドライン安全管理措置別添1C）。

3）不適切である。管理区域とは、特定個人情報ファイルを取り扱う情報システム（サーバ等）を管理する区域をいい、取扱区域とは、特定個人情報等

を取り扱う事務を実施する区域をいう。管理区域における物理的安全管理措置とは、入退室管理や管理区域へ持ち込む機器等の制限等が挙げられている。他方、取扱区域における物理的安全管理措置としては、間仕切り等の設置、座席配置の工夫、のぞき込みを防止する措置等が挙げられている（事業者ガイドライン安全管理措置別添1E）。

4）不適切である。物理的安全管理措置の中小規模事業者における対応方法として「特定個人情報等が記録された電子媒体または書類等を持ち出す場合、パスワードの設定、封筒に封入し鞄に入れて搬送する等、紛失・盗難等を防ぐための安全な方策を講ずる」とされている（事業者ガイドライン安全管理措置別添1E）。

正解　1）

2 － 6　特定個人情報の安全管理措置④

《問》特定個人情報の技術的安全管理措置に関する次の記述のうち、最も
不適切なものはどれか。
1 ）民間事業者は、技術的安全管理措置として、アクセス制御、アクセ
ス者の識別と認証、外部からの不正アクセス等の防止、漏えい等の
防止に係る措置を講ずる必要がある。
2 ）外部からの不正アクセス等の防止策の例として、情報システムと外
部ネットワークとの接続箇所にファイアウォール等を設置すること
が挙げられる。
3 ）パスワードによる保護を検討する場合、パスワードの運用管理を適
切に行えば、パスワードに用いる文字の種類や桁数等の要素は考慮
する必要がない。
4 ）ユーザー ID に付与するアクセス権により、特定個人情報ファイル
を取り扱う情報システムを使用できる者を事務取扱担当者に限定す
るという手法は、アクセス制御の手法の一例である。

・解説と解答・

1 ）適切である。民間事業者は、特定個人情報等の適正な取扱いのために、技
術的安全管理措置として、アクセス制御、アクセス者の識別と認証、外部
からの不正アクセス等の防止、漏えい等の防止に係る措置を講ずる必要が
あるものとされる（事業者ガイドライン安全管理措置別添 1F）。
2 ）適切である（事業者ガイドライン安全管理措置別添 1F）。
3 ）不適切である。データの暗号化またはパスワードによる保護にあたって
は、不正に入手した者が容易に解読できないように、暗号鍵およびパスワ
ードの運用管理、パスワードに用いる文字の種類や桁数等の要素を考慮す
るものとされている（Q&A11 － 4）。
4 ）適切である。アクセス制御の手法の例示として、「ユーザー ID に付与す
るアクセス権により、特定個人情報ファイルを取り扱う情報システムを使
用できる者を事務取扱担当者に限定する」がある（事業者ガイドライン安
全管理措置別添 1F）。

正解　3 ）

2－7　個人番号の正確性の確保

《問》個人番号の正確性の確保に関する次の記述のうち、最も不適切なものはどれか。

1）個人情報取扱事業者が報酬等の支払先の個人番号が変更されたことを知る方法として、個人番号の提供を求める際の書面に、個人番号変更時の連絡要請に関する事項を記載することが法令上義務付けられており、当該事業者の Web サイトにおける個人番号変更時の連絡要請に関する告知は認められていない。

2）個人情報保護法により、個人情報取扱事業者は、保有する個人データに個人番号が含まれる場合、その個人番号を正確かつ最新の内容に保つように努めなければならない。

3）個人情報取扱事業者は、個人番号が変更されたときは、本人から申告するように周知しておくとともに、一定期間ごとに個人番号に変更がないか確認することが考えられる。

4）個人情報取扱事業者が従業員の個人番号が変更されたことを知る方法として、毎年の扶養控除等申告書など、定期的に個人番号の提供を受ける機会に、当該個人番号の変更の有無を従業員に確認することが考えられる。

・解説と解答・

1）不適切である。個人情報取扱事業者が、個人番号が変更されたことを知る方法について、特定の方法を採用することは法令上義務付けられていない。個人情報取扱事業者が報酬等の支払先の個人番号が変更されたことを知る方法として、個人番号の提供を求める際の書面に個人番号変更時の連絡要請事項を記載する方法や当該事業者の Web サイトにおける個人番号変更時の連絡要請に関する告知は、番号が変更されたときに、本人から申告するように周知しておく方法の1つとして認められていると考えられ、個人番号の提供を求める際の書面にその旨を記載することは法令上義務付けられていない。また、Web サイトにおける個人番号変更時の連絡要請に関する告知も認められている（Q&A 7－1、個人情報保護法22条前段）。

2）適切である。個人情報取扱事業者は、個人データに含まれる個人番号の正

確性・最新性の確保につき、努力義務を負うとされている（個人情報保護法22条前段）。

3）適切である。正確性確保のための一例である（Q&A7－1）。

4）適切である。マイナンバーが変更されたときは事業者に申告するように従業員などに周知しておくとともに、一定の期間ごとにマイナンバーの変更がないか確認することが考えられる（Q&A7－1）。毎年の扶養控除等申告書など、マイナンバーの提供を受ける機会は定期的にあると考えられるため、その際に変更の有無を従業員などに確認することもできる。

<u>正解　1）</u>

2－8　個人番号の収集・取得①

《問》個人番号の収集に関する次の記述のうち、最も適切なものはどれか。

1）民間事業者は、内定者が確実に雇用されることが予想される場合には、内定者に対して個人番号の提供を求めることができる。

2）民間事業者は、賃料の金額設定から地代等の支払に伴う支払調書の作成事務の発生が予想される場合であっても、後日の賃料変更により支払調書の作成が不要となる可能性があることから、賃貸借契約の締結時点で個人番号の提供を求めることはできない。

3）非上場会社である民間事業者は、株主に対する配当金の支払に伴う支払調書の作成事務に利用する個人番号について、株主が株主としての地位を得た時点で収集することは許されず、配当金の支払が確定した時点で初めて収集を行うことができる。

4）民間事業者は、顧客から聞き取った個人番号をメモするだけでは、個人番号を収集したことにはならない。

・解説と解答・

1）適切である。「例えば、「内定者」が確実に雇用されることが予想される場合（正式な内定通知がなされ、入社に関する誓約書を提出した場合等）には、その時点で個人番号の提供を求めることができる」との考え方が示されている（Q&A 4－1）。

2）不適切である。賃料の金額により契約の締結時点で支払調書の作成が不要であることが明らかである場合を除き、契約の締結時点で個人番号の提供を求めることが可能であるとの考え方が示されている（事業者ガイドライン23頁）。

3）不適切である。非上場会社の株主が株主としての地位を得た時点で収集することが可能であるとの考え方が示されている（事業者ガイドライン23頁）。

4）不適切である。収集とは、「集める意思を持って自己の占有に置くこと」を意味するものとされており（事業者ガイドライン30頁）、聞き取った個人番号をメモした場合も収集に該当する。

正解　1）

2－9 個人番号の収集・取得②

《問》個人番号の収集・取得に関する次の記述のうち、最も不適切なもの
はどれか。
1）外国籍の従業員およびその扶養親族は、日本国内に住民として登録
されているか否かを問わず、民間事業者による個人番号の収集対象
者になることはない。
2）民間事業者は、民事訴訟法に基づく文書送付嘱託により、個人番号
の記載された支払調書の提出を求められた場合、当該調書をそのま
ま提出することができる。
3）従業員から特定個人情報の提示を受けただけで、個人番号をメモな
どにより記録しなかった場合は、特定個人情報の収集には該当しな
い。
4）民間事業者は、未成年者本人および未成年者の親権者から、未成年
者の個人番号を収集することが可能である。

・解説と解答・

1）不適切である。住民票により住民として登録されている者に個人番号の指
定および通知が行われる（番号法7条1項）ことから、日本国内において
住民として登録されている外国籍の従業員は、個人番号の指定および通知
の対象となり、勤務先である民間事業者から個人番号の提供を求められる
こととなる。
2）適切である。民事訴訟法に基づく文書送付嘱託による個人番号の提供は、
番号法19条15号により許容されているため、個人番号が記載されたままの
支払調書を提出することができる。
3）適切である。特定個人情報の提示を受けただけでは「収集」に当たらない
との考え方が示されている（事業者ガイドライン30頁）。
4）適切である。親権者を法定代理人として個人番号の提供を受けることがで
きる。代理権は戸籍謄本等により確認することになる（施行規則6条1項
1号参照）。

正解 1）

2－10　個人番号の提供

《問》民間事業者において個人番号の提供を求めることができる場合に関
する次の記述のうち、最も適切なものはどれか。
1）民間事業者は、従業員に対し、雇用契約の締結時点で個人番号の提
供を求めることができるが、アルバイトや契約社員に対しては、当
該契約締結時点などの個人番号関係事務の発生が予想できた時点で
は、個人番号の提供を求めることができない。
2）従業員持株会は、従業員が入社した場合であっても、持株会に入会
申請していない段階においては、当該従業員に対し個人番号の提供
を求めることはできない。
3）人材派遣会社は、登録者との間で雇用契約を締結していない場合、
派遣登録を行う時点では、いっさい登録者の個人番号の提供を求め
ることはできない。
4）番号法には、個人番号の提供を求めることができる時期について、
支払調書、源泉徴収票などの帳票ごとに具体的に規定されている。

・解説と解答・

1）不適切である。アルバイトや契約社員であっても、契約を締結した時点等
の個人番号関係事務の発生が予想できた時点で個人番号の提供を求めるこ
とができるものとされている（事業者ガイドラインパブコメ112番）。
2）適切である。従業員が所属会社に入社した時点では、個人番号関係事務の
処理のために必要がある場合とはいえないため、持株会が従業員に対し、
個人番号の提供を求めることはできず、従業員が株主となるために持株会
に入会申請した時点で、当該従業員に対し個人番号の提供を求めることが
できるものとされている（Q&A4－4）。
3）不適切である。原則として人材派遣会社に登録したのみでは登録者の個人
番号の提供を求めることはできないものの、例外として、「登録時にしか
本人確認をした上で個人番号の提供を求める機会がなく、実際に雇用する
際の給与支給条件等を決める等、近い将来雇用契約が成立する蓋然性が高
いと認められる場合」には、雇用契約が成立した場合に準じて、個人番号
の提供を求めることができるとされている（Q&A4－5）。
4）不適切である。番号法においては、「個人番号利用事務等を処理するため

に必要があるとき」とのみ規定されており（番号法14条 1 項）、個人番号の提供を求めることができる時期については、具体的に規定されていない。なお、事業者ガイドライン23頁において、次の通り、個人番号の提供を求めることができる時期について一定の考え方が示されている。「事業者が行う個人番号関係事務においては、個人番号関係事務が発生した時点で個人番号の提供を求めることが原則であるが、本人との法律関係等に基づき、個人番号関係事務の発生が予想される場合には、契約を締結した時点等の当該事務の発生が予想できた時点で個人番号の提供を求めることが可能であると解される。なお、契約内容等から個人番号関係事務が明らかに発生しないと認められる場合には、個人番号の提供を求めてはならない」。

<u>正解　2)</u>

2－11　個人番号の第三者提供時の留意点

《問》個人番号の提供に関する次の記述のうち、最も不適切なものはどれ
か。
1）民間事業者は、弁護士会から弁護士法23条の2に基づく照会を受け
た場合は、当該弁護士会に対して個人番号を提供することができ
る。
2）民間事業者は、犯罪収益移転防止法の規定による疑わしい取引の届
出に必要な場合は、個人番号を提供することができる。
3）A社がB社を吸収合併した場合、吸収されるB社は、存続するA社
に対して、B社の従業員の個人番号を含む給与情報を提供すること
ができる。
4）口座管理機関である金融機関は、上場株式の取引を行った顧客から
提供を受けた特定個人情報について、株式等振替制度の活用により
振替機関を経由して上場株式の発行会社に提供することができる。

解説と解答

1）不適切である。弁護士法23条の2に基づく照会は、番号法に基づく提供制
限の例外に該当しないと解されている（施行令パブコメ287番）。そのた
め、当該照会を受けた場合であっても、個人番号を提供することはできな
い。
2）適切である。公益上の必要がある場合として認められている（番号法19条
15号、施行令25条、施行令別表21号、事業者ガイドライン28～29頁）。
3）適切である。番号法19条6号に基づき提供を行うことができる（事業者ガ
イドライン27～28頁）。
4）適切である。番号法19条12号において、株主が告知した特定個人情報を特
定個人情報の安全性を確保するために必要な措置を講じたうえで提供する
ことが認められており、株式等振替制度を活用した特定個人情報の提供の
根拠となる。

正解　1）

2－12　グループ会社間での個人番号の提供・管理

《問》グループ会社間での個人番号の提供・管理に関する次の記述のうち、最も適切なものはどれか。

1）民間事業者において、従業員のグループ会社への出向に伴い、本人の同意を得ることなく、グループ会社間の共有データベース内で自動的にアクセス制限を解除する等して出向元の会社のファイルから出向先の会社のファイルに個人番号を移動させることは、提供制限に違反する。

2）民間事業者がグループ会社間の共有データベースに従業員の個人番号を記録することは、従業員等が現在就業している会社のファイルにのみその個人番号を登録し、かつグループ会社内の他の会社が、当該個人番号を参照できないようなシステムを採用していたとしても、一切許されない。

3）グループ会社間において従業員の個人情報を共有データベースで保管している場合、本人の明確な同意があれば、共有データベースに個人番号を記録し、当該情報をグループ会社間で自由に共有することが可能である。

4）金融機関において、特定個人情報をグループ会社間で共同して利用する場合、あらかじめ本人に対して、共同して利用する者の範囲、利用する者の利用目的や情報管理責任者の通知など、個人情報保護法に定める要件を満たしていれば、番号法上、特定個人情報の「提供」には該当しない。

・解説と解答・

1）適切である。従業員等の出向に伴い、本人の同意を得ることなく、共有データベース内で自動的にアクセス制限を解除する等して出向元の会社のファイルから出向先の会社のファイルに個人番号を移動させることは、提供制限に違反する（事業者ガイドライン25頁）。

2）不適切である。従業員等が現在就業している会社のファイルにのみその個人番号を登録し、他の会社が当該個人番号を参照できないようなシステムを採用していれば、グループ会社間の共有データベースに個人番号を記録することが可能であるとされている（事業者ガイドライン25頁）。

3) 不適切である。グループ会社間での特定個人情報の移動は、番号法における提供に該当するため、本人の同意を得ていても、自由な共有は提供制限（番号法19条）に違反する場合がある。

4) 不適切である。番号法における特定個人情報の「提供」とは、法的な人格を超える特定個人情報の移動を意味する。そして、番号法30条2項において、個人情報保護法27条5項3号の適用が除外されていることから、特定個人情報については、共同利用であることをもって、番号法上の「提供」に該当しないということにはならず、提供制限のルールに従う必要がある（金融業務ガイドライン11～15頁）。

正解　1)

2－13　個人番号の保管

《問》個人番号の保管に関する次の記述のうち、最も適切なものはどれか。

1）民間事業者が個人番号関係事務ではない本人確認の記録として個人番号カードに記載された個人番号を保存することは、特定個人情報の保管に該当しない。

2）民間事業者は個人番号の保管中において、本人に対して個人番号が変更されたときは申告するよう周知すべきであるが、一定の期間ごとに個人番号の変更がないかどうかを確認する必要はない。

3）民間事業者が保管していた特定個人情報が不正アクセスによって漏えいした場合、二次被害の防止、類似事案の発生防止等の観点から、事案に応じて、事実関係および再発防止策等を早急に公表することが重要である。

4）個人番号は、番号法で限定的に明記された事務を処理するために保管されるものであるため、継続的な契約関係がある土地の賃貸借契約を締結している場合であっても、特定個人情報を継続して保管することはできない。

・解説と解答・

1）不適切である。特定個人情報の「保管」とは、特定個人情報（他人の個人番号を含むものに限る）を自己の勢力範囲内に保持すること（個人番号が記録された文書や電磁的記録を自宅に持ち帰り、置いておくなど）をいうとされており、個人番号関係事務のためか否かは「保管」の要件ではないため、選択肢の場合も「保管」に該当する（番号法20条、逐条解説48～49頁）。

2）不適切である。正確性確保の観点から、個人番号が変更されたときは本人から民間事業者に申告するよう周知するとともに、一定の期間ごとに個人番号の変更がないかどうかを確認することが望ましいと考えられている（個人情報保護法22条、Q&A7－1）。

3）適切である。事案に応じて、事実関係および再発防止策等を早急に公表することが重要であるとされている（事業者ガイドライン安全管理措置別添1C）。

4）不適切である。土地の賃貸借契約等の継続的な契約関係にある場合についても、支払調書の作成事務のために継続的に個人番号を利用する必要が認められることから、特定個人情報を継続的に保管できるものとされている（事業者ガイドライン31〜32頁）。

正解　3）

2-14　特定個人情報ファイルの作成

《問》特定個人情報ファイルの作成に関する次の記述のうち、最も不適切なものはどれか。

1) 個人番号関係事務の委託先が、委託者に対して業務状況を報告するために特定個人情報ファイルを作成することは可能である。
2) 民間事業者は、安全管理措置を講じた場合であっても、障害への対応のために特定個人情報ファイルのバックアップファイルを作成することは認められない。
3) 民間事業者は、従業員の個人番号を利用して、営業成績を管理する特定個人情報ファイルを作成してはならない。
4) 民間事業者から従業員等の源泉徴収票作成事務について、委託を受けた税理士等は、個人番号関係事務を処理するのに必要な範囲で特定個人情報ファイルを作成することができる。

・解説と解答・

1) 適切である。「委託先への監督の一環として、業務状況を報告させる場合には、特定個人情報ファイルを作成することはできますが、委託された業務に関係なく特定個人情報ファイルを作成することはできません」（Q&A2-1②）との考え方が示されている。
2) 不適切である。安全管理措置を講じれば、障害への対応等のために特定個人情報ファイルのバックアップファイルを作成することは可能であるとされている（Q&A2-1⑤）。
3) 適切である。「事業者は、従業員等の個人番号を利用して営業成績等を管理する特定個人情報ファイルを作成してはならない」（事業者ガイドライン17頁）との考え方が示されている。
4) 適切である（事業者ガイドライン17頁）。

正解　2)

2－15　個人番号の廃棄・削除①

《問》個人番号の廃棄・削除に関する次の記述のうち、最も適切なものは
どれか。
1）マスキングによる廃棄を行う場合、6桁目以上の桁のみ削除すれば
　足りると考えられている。
2）特定個人情報等が記録された機器および電子媒体等を廃棄する場
　合、専用のデータ削除ソフトウェアの利用または物理的な破壊等、
　復元不可能な手段をとる必要がある。
3）電子媒体における個人番号のデータを削除した場合でも、データ復
　元用の専用プログラム等を用いて復元できる場合には、個人番号を
　削除したものとは認められない。
4）個人番号関係事務のために個人番号を利用する必要がなくなった際
　には、当該個人番号を削除せず、取引再開時まで当該個人番号にア
　クセスできないようアクセス制御を行うことも許容される。

・解説と解答・

1）不適切である。「個人番号のマスキングは復元できない程度に行う必要が
　あり、通常12桁全てをマスキングすることになると考えられます」とされ
　ている（事業者ガイドラインパブコメ152番）。
2）適切である（事業者ガイドライン安全管理措置別添1E）。
3）不適切である。データ復元用の専用ソフトウェア、プログラム、装置等を
　用いなければ復元できない場合には、容易に復元できない方法とされてい
　る（Q&A15－2）。
4）不適切である。個人番号関係事務で個人番号を利用する必要がなくなり、
　個人番号を保管する必要性がなくなった場合は、不確定な取引再開時に備
　えて個人番号を保管し続けることはできず、個人番号をできるだけ速やか
　に削除しなければならない（Q&A6－10）。

正解　2）

2 -16　個人番号の廃棄・削除②

《問》個人番号の廃棄・削除に関する次の記述のうち、最も不適切なもの
はどれか。
1) 複数の利用目的を特定して個人番号の提供を受けている場合であっ
　　て、事務ごとに別個のファイルで個人番号を保管しているときに
　　は、それぞれの利用目的で個人番号を利用する必要がなくなった時
　　点で、その利用目的に係る個人番号を個別に廃棄または削除するこ
　　とになる。
2) 委託先による個人番号の廃棄または削除が確実に行われていなかっ
　　た場合、番号法上の保管制限に違反する事態となる。
3) 民間事業者は、個人番号の廃棄または削除作業を、廃棄または削除
　　が必要となった年末にまとめて行うことができる。
4) 個人番号の廃棄の事務のみに従事する者は、事務取扱担当者には該
　　当しない。

・解説と解答・

1) 適切である（Q&A 6 - 6）。一方、個人番号をまとめて 1 つのファイルに
　　保管しているのであれば、すべての利用目的で個人番号関係事務に必要が
　　なくなった時点で廃棄または削除することとなる。
2) 適切である。委託先による個人番号の廃棄または削除が確実に行われてい
　　なかった場合には、当該事業者は保存の必要がない個人番号を保管してい
　　ることとなり、番号法20条の保管制限に違反することとなる。
3) 適切である。廃棄が必要となってから廃棄作業を行うまでの期間について
　　は、毎年度末に廃棄を行う等、個人番号および特定個人情報の保有に係る
　　安全性および事務の効率性等を勘案し、事業者において判断するものとさ
　　れている（Q&A 6 - 5）。
4) 不適切である。事務取扱担当者には、個人番号の取得から廃棄までの事務
　　に従事するすべての者が該当するため（Q&A10 - 2）、廃棄の事務のみを
　　担当する者も事務取扱担当者に該当する。

正解　4)

2－17　死者の個人番号

《問》死者の個人番号に関する次の記述のうち、最も適切なものはどれ
か。
1）個人番号には、生存する個人のものだけではなく、死者のものも含
まれる。
2）民間事業者は、死者の個人番号を個人番号関係事務以外の日常業務
に自由に利用することができる。
3）個人番号利用事務等に従事する者が、不正な利益を図る目的で個人
番号を盗用した場合であっても、当該個人番号が死者のものである
場合は、番号法に基づく処罰の対象とならない。
4）死者の個人番号にも番号法は適用されるものの、死亡届が提出され
たことによって住民登録が抹消された場合には、住民登録の抹消の
対象となった死者の個人番号は、当該死者とは別の生存する個人に
同一の番号のままで付番される。

・解説と解答・

1）適切である。個人番号には、生存する個人のものだけではなく、死者のも
のも含まれ、死者の個人番号にも、利用制限や安全管理措置等の規定は適
用される（Q&A 9－1）。なお、「特定個人情報」とは、個人番号をその
内容に含む個人情報をいうが（番号法2条8項）、「個人情報」は生存する
個人に関する情報に限られている（個人情報保護法2条1項）ため、死者
の個人番号は、原則として「特定個人情報」には該当しない。
2）不適切である。死者の個人番号も個人番号の定義に含まれる（番号法2条
5項、Q&A 9－1）ことから、個人番号の利用範囲の制限（同法9条）
の適用を受ける。
3）不適切である。不正な利益を図る目的での死者の個人番号の提供や盗用
は、番号法に基づく処罰の対象となる（番号法49条）。
4）不適切である。住民登録が死亡届で抹消されたとしても、死者の個人番号
は、引き続き番号法の適用対象となり（Q&A 9－1等）、他の生存する個
人に再度付番されることはない（番号法8条2項1号）。

正解　1）

2−18　特定個人情報の利用目的の通知・公表①

《問》個人番号の利用目的に関する次の記述のうち、最も適切なものはどれか。

1）民間事業者が従業員の扶養親族の個人番号を収集する場合、当該従業員が個人番号関係事務実施者となるため、民間事業者は当該従業員の扶養親族に対して利用目的の通知または公表を行う必要はない。

2）民間事業者は、利用目的を変更して本人への通知または公表を行っても、雇用契約に基づく給与所得の源泉徴収票作成事務のために提供を受けた個人番号を、雇用契約に基づく健康保険・厚生年金届出事務のために利用することはいっさい認められない。

3）民間事業者は、人の生命、身体または財産の保護のために必要がある場合において本人の同意を得ることが困難であるときには、かかる目的が収集の際に特定した利用目的に含まれていなくとも、個人番号を利用することができる。

4）民間事業者は、個人番号の利用目的について、本人の同意が得ることができれば、当初の利用目的と関連性を有すると合理的に認められる範囲内で利用目的を変更することができる。

・解説と解答・

1）不適切である。個人情報の取得は、本人から直接取得する場合に限られず、他人から取得する場合も含まれるため、他人から当該本人の個人情報を取得する場合であっても、個人情報取扱事業者は、利用目的の通知等を行わなければならないとされている（Q&A１−６）。

2）不適切である。雇用契約に基づく給与所得の源泉徴収票作成事務のために提供を受けた個人番号を、雇用契約に基づく健康保険・厚生年金届出事務等に利用しようとする場合は、利用目的を変更して、本人への通知等を行うことにより、健康保険・厚生年金保険届出事務等に個人番号を利用することができるとされている（事業者ガイドライン14〜15頁）。

3）適切である。収集の際に特定した利用目的以外の目的で個人番号を利用できる場合として番号法上規定されている（同法30条２項により読み替えて適用される個人情報保護法18条３項２号）。

4）不適切である。個人番号の利用目的の変更について当初の利用目的と関連
性を有すると合理的に認められる範囲内で行う場合には、本人の同意を得
る必要はなく、通知または公表で足りる（個人情報保護法17条2項、21条
3項）。

正解　3）

2−19　特定個人情報の利用目的の通知・公表②

《問》特定個人情報の利用目的の通知・公表に関する次の記述のうち、最も適切なものはどれか。

1）民間事業者において、合併による事業の承継に伴う場合は、特定個人情報を提供することができるが、会社分割や事業譲渡による事業の承継に伴う場合は、特定個人情報を提供することができない。

2）民間事業者は、金融商品取引法の規定による犯則事件の調査を受けたときは、特定個人情報を提供することができる。

3）民間事業者が運営する小売店舗において顧客が落とした個人番号カードを警察に遺失物として届け出ることは、特定個人情報の提供に該当し、番号法に違反する。

4）特定個人情報の利用目的を特定する際には、個人番号の提出先についても、必ず具体的に示す必要がある。

・解説と解答・

1）不適切である。番号法19条6号は、「合併その他の事由」による事業の承継に伴う特定個人情報の提供を許容しており、「その他の事由」として会社分割や事業譲渡による事業の承継が想定されている。

2）適切である。金融商品取引法の規定による犯則事件の調査が行われるときに、特定個人情報の提供が認められると定められている（番号法19条15号、施行令25条、施行令別表4号）。

3）不適切である。特定個人情報の提供に該当する点は正しいが、人の生命、身体または財産の保護のために必要な場合における提供（番号法19条16号）の一事例とされており、番号法に違反しない（事業者ガイドライン29頁）。

4）不適切である。個人番号関係事務の性質上、個人番号関係事務を利用目的として示せば提供先も通常は明らかになることから、必ずしも個々の提出先を具体的に示す必要はないとされている（Q&A1−1）。

<u>正解　2）</u>

2－20　特定個人情報の保管・廃棄・削除①

《問》特定個人情報の保管・廃棄・削除に関する次の記述のうち、最も不適切なものはどれか。

1）雇用契約による継続的な契約関係が終了した退職済みの従業員については、特定個人情報の継続的な保管が認められる余地はない。

2）所管法令によって一定期間保存が義務付けられている書類に記載された個人番号は、保存期間が経過した後は、個人番号をできるだけ速やかに廃棄または削除しなければならない。

3）特定個人情報が記載された書類等を廃棄する場合、焼却または溶解は復元不可能な手段に該当する。

4）特定個人情報を削除した場合、または電子媒体等を廃棄した場合は、削除または廃棄したことを記録し、保存する必要がある。

・解説と解答・

1）不適切である。退職後に繰延支給される賞与が給与所得に該当し、源泉徴収票の作成が必要な場合、繰延支給が行われなくなることが確認できるまで個人番号を保管することができるとの考え方が示されている（Q&A 6－7）。

2）適切である（事業者ガイドライン31頁）。

3）適切である。焼却または溶解は、事業者ガイドライン安全管理措置別添1Eにおいて、書類等の廃棄方法についての復元不可能な手段の例として挙げられている。

4）適切である（事業者ガイドライン安全管理措置別添1E）。

正解　1）

2－21　特定個人情報の保管・廃棄・削除②

《問》特定個人情報の保管・廃棄・削除に関する次の記述のうち、最も適
切なものはどれか。
1 ）民間事業者は、従業員が休職しており、かつ復職が未定の場合に
は、当該従業員との雇用関係が継続していたとしても、当該従業員
から給与の源泉徴収事務の処理をする目的で既に提供を受けた個人
番号を速やかに廃棄または削除しなければならない。
2 ）個人番号を削除した場合には、削除した個人番号自体を記載して削
除の記録を残す必要がある。
3 ）個人番号が記載された給与所得者の扶養控除等申告書を受領した民
間事業者は、当該年の申告につき必要な処理を経た後に、扶養控除
等申告書を速やかに廃棄しなければならない。
4 ）民間事業者は、個人番号の廃棄を第三者に委託することが可能であ
るが、当該民間事業者は、物理的安全管理措置の一内容として、委
託先が確実に廃棄または削除したことについて、証明書等により確
認しなければならない。

・解説と解答・

1 ）不適切である。従業員が休職している場合には、復職が未定であっても雇
用契約が継続していることから、特定個人情報を継続的に保管することが
できると解されている（事業者ガイドライン31頁）。
2 ）不適切である。個人番号を削除した場合には、削除した記録を保存する必
要があるが、当該記録には、削除した個人番号自体は含めないものとされ
ている。なお、その削除の記録の内容としては、特定個人情報ファイルの
種類・名称、責任者・取扱部署、削除・廃棄状況等が考えられる（事業者
ガイドライン安全管理措置別添1E、Q&A 6 - 8 ）。
3 ）不適切である。個人番号の廃棄または削除が必要となるのは、個人番号関
係事務を処理する必要がなくなった場合で、所管法令において定められて
いる保存期間を経過したときである。給与所得者の扶養控除等申告書は、
所得税法施行規則76条の 3 により、当該申告書の提出期限（毎年最初に給
与等の支払を受ける日の前日まで）の属する年の翌年 1 月10日の翌日から
7 年を経過する日まで保存することとなっていることから、受領直後の段

階では廃棄してはならない（事業者ガイドライン32頁）。

4）適切である（事業者ガイドライン安全管理措置別添 1E)。

正解　4）

2 -22　個人番号事務の委託

《問》個人番号事務の委託に関する次の記述のうち、最も適切なものはどれか。

1) 特定個人情報の受渡しについて通信事業者による通信手段を利用する場合、当該通信事業者に対して、個人番号関係事務等を委託したとはみなされない。

2) 特定個人情報を取り扱う情報システムの保守の全部について外部の事業者に委託をしている場合に、その保守の内容として個人番号を用いて情報システムの不具合を再現させ検証することが含まれるときであっても、当該委託は、番号法上の委託には該当しない。

3) 金融機関以外の事業者においては、番号法上、個人番号の収集について、外部の事業者に委託することはできないとされている。

4) 個人番号関係事務を委託する民間事業者は、直接の委託先に対して監督義務を負うが、再委託先に対しては監督義務は負わない。

・解説と解答・

1) 適切である。「当該通信事業者は、通常、特定個人情報を取り扱っているのではなく、通信手段を提供しているにすぎないことから、個人番号関係事務または個人番号利用事務の委託には該当しないものと解されます。なお、事業者には、安全管理措置（番号法第12条等）を講ずる義務が課せられていますので、個人番号及び特定個人情報が漏えいしないよう、適切な外部事業者の選択、安全な配送方法の指定等の措置を講ずる必要があります」との考え方が示されている（Q&A 3 - 14 - 2）。

2) 不適切である。特定個人情報を取り扱う情報システムの保守の全部について外部の事業者を活用している場合に個人番号をその内容に含む電子データを取り扱うことは、個人番号関係事務または個人番号利用事務の一部の委託に該当する典型例として挙げられており、設問記載の個人番号を用いた不具合の検証はこれに含まれると考えられる（Q&A 3 - 14）。

3) 不適切である。番号法上、個人番号の収集を外部の事業者に委託することを禁止する定めはなく、個人番号の収集を委託すれば、委託先が個人番号の収集を行うことも可能である（Q&A 3 - 11）。

4) 不適切である。個人番号関係事務を委託する民間事業者は、直接の委託先

に対して監督義務を負うほか、再委託先に対しても間接的に監督義務を負う（事業者ガイドライン20頁、Q&A 3 - 8 - 2①）。

正解　1）

第3章

マイナンバー制度に対する金融機関の実務

3-1　個人番号の収集・取得①

《問》個人番号の収集・取得に関する次の記述のうち、最も不適切なもの
はどれか。
1) 公共債の利子について、障害者等の少額公債の利子の非課税制度
（障害者等の特別マル優）の適用を受ける場合、公共債を最初に購
入する日までに「特別非課税貯蓄申告書」を提出する必要があり、
当該申告書と共に個人番号カード等を提出する必要がある。
2) 金融機関は、非居住者であって個人番号を有しない顧客の預貯金口
座に日本国外から送金が行われた場合、非居住者であることの届出
を金融機関に対して行ったかどうかを問わず、一律に金銭の払出し
を拒否しなければならない。
3) 金融機関は、個人番号関係事務に関係のない預金払戻し業務におい
て、預金者から本人確認書類として個人番号カードを提示された場
合、個人番号が記載された部分をコピー等してはならない。
4) 金融機関による個人番号の収集について、マイナンバー制度開始前
から金融サービスを利用している顧客からも、個人番号を取得する
必要がある。

・解説と解答・

1) 適切である。選択肢に記載のとおりの所得税法上の告知義務がある（所得
税法224条1項）。
2) 不適切である。「日本国内の金融機関の本支店に開設された預貯金口座宛
に、日本国外から送金が行われた場合において、送金者が非居住者である
こと、または送金の受領者が非居住者であることによりマイナンバーを有
しない場合、マイナンバーがないことのみを理由として、金融機関が当該
海外からの送金、または当該送金された金銭の払出しを拒否することはあ
りません。ただし、非居住者であること（従来、居住者であった方が新た
に非居住者となったこと等を含む）は、金融機関に対して正式に届出を行
っていただいている必要があります。」との考え方が内閣府および金融庁
より公表されており（平成28年2月22日「金融機関における非居住者が行
う国外送金手続とマイナンバーについて」）、かかる考え方からすれば、一
定の場合には国外送金を受け付けることができるものと解される。

3）適切である（金融業務ガイドライン16頁）。

4）適切である。金融機関は、マイナンバー制度開始前から金融サービスを利用している既存顧客について個人番号関係事務を行うことになるから、既存顧客からも個人番号を取得する必要がある。

<u>正解　2）</u>

3-2　個人番号の収集・取得②

> 《問》法定調書の作成などに際し、金融機関の顧客が個人番号の提供を拒
> 絶した場合に関する次の記述のうち、最も不適切なものはどれか。
> 1）金融機関は、顧客が個人番号の提供を拒んだ場合、安易に個人番号
> を記載しないで法定調書等の書類を提出するのではなく、個人番号
> の記載は法律で定められた義務であることを伝え、提供を求めなけ
> ればならない。
> 2）金融機関は、顧客から個人番号の提供を受けられない場合に、提供
> を求めた経過等を記録、保存するなどし、単なる義務違反ではない
> ことを明確にする必要がある。
> 3）金融機関は、損害保険契約等の満期返戻金等の2016年分以後の支払
> 調書の作成事務においては、個人番号を収集する必要がある。
> 4）金融機関は、個人番号を当初収集した際に特定した利用目的の範囲
> 内で利用する場合であっても、番号法に基づき、顧客と金融サービ
> スに関する契約を締結するごとに、必ず改めて個人番号の収集を行
> う必要がある。

・解説と解答・

1）適切である。「安易に法定調書等に個人番号を記載しないで税務署等に書
　類を提出せず、顧客に対して、個人番号の記載は、法律（国税通則法、所
　得税法等）で定められた義務であることを伝え、提供を求めてください。
　それでもなお、提供を受けられない場合は、提供を求めた経過等を記録、
　保存するなどし、単なる義務違反でないことを明確にしておいてくださ
　い。経過等の記録がなければ、個人番号の提供を受けていないのか、ある
　いは提供を受けたのに紛失したのかが判別できません。特定個人情報保護
　の観点からも、経過等の記録をお願いします。なお、税務署では、番号制
　度導入直後の混乱を回避する観点などを考慮し、個人番号・法人番号の記
　載がない場合でも書類を収受することとしています」との考え方が示され
　ている（Q&A19-6）。
2）適切である（Q&A19-6）。
3）適切である。損害保険契約等の満期返戻金等の2016年分以後の支払調書に
　おいては、個人番号を記載する必要がある（所得税法225条1項5号、国

税庁Webサイト「税務手続の案内」「法定調書関係」「［手続名］損害保険契約等の満期返戻金等の支払調書（同合計表)」)。

4）不適切である。金融機関は、個人番号を当初収集した際に特定した利用目的の範囲内であれば、保管中の個人番号を新たな契約に基づいて発生する個人番号関係事務に利用することができる（金融業務ガイドラインパブコメ14番および16番)。

正解　4）

3－3　個人番号の利用①

> 《問》金融機関における個人番号の利用に関する次の記述のうち、最も不適切なものはどれか。
>
> 1）個人番号を特定個人情報ファイルに登録した結果の確認のために個人番号を含めてプリントアウトする行為は、個人番号関係事務の範囲内の利用に該当する。
>
> 2）金融機関は、当初の利用目的と関連性を有すると合理的に認められる範囲内で利用目的を変更して、顧客本人に通知または公表することにより、引き続き個人番号を利用することができる。
>
> 3）金融機関による個人番号の利用目的は、顧客本人が、自らの個人番号がどのような目的で利用されるかについて、一般的かつ合理的に予想できる程度に具体的に特定することが望ましい。
>
> 4）金融機関は、あらかじめ利用目的として特定していれば、資産情報などの顧客情報を検索・管理することを目的として、顧客の個人番号を利用することができる。

・解説と解答・

1）適切である（Q&A1－7①）。

2）適切である。金融機関は、当初の利用目的と関連性を有すると合理的に認められる範囲内で利用目的を変更して、顧客本人に対して通知または公表を行うことにより、変更後の利用目的の範囲内で個人番号を利用することができる（個人情報保護法17条2項、21条3項）。

3）適切である。金融機関においても、一般の民間事業者における特定と同様、選択肢に記載の程度での利用目的の特定が望ましいとされている（金融業務ガイドライン2頁）。

4）不適切である。個人番号を利用した顧客の名寄せは、個人番号関係事務を実施するために必要な範囲に限って可能であるが、個人番号関係事務以外の事務で金融機関が独自に顧客情報（商品購入履歴、資産情報等）を検索・管理するために個人番号を利用することはできない（Q&A18－2）。

<u>正解　4）</u>

3－4　個人番号の利用②

《問》金融機関における個人番号の利用に関する次の記述のうち、最も適
　　切なものはどれか。
　1）金融機関は、金融商品の購入履歴や資産情報の検索および管理のみ
　　　を目的として、顧客の個人番号を利用することができる。
　2）金融機関は、顧客の個人番号の利用目的を通知または公表する必要
　　　はあるが、従業員の個人番号の利用目的を通知または公表する必要
　　　はない。
　3）金融機関は、激甚災害が発生したときは、あらかじめ締結した預金
　　　契約や保険契約に基づく金銭の支払を行うために、必要な限度で個
　　　人番号を利用することができる。
　4）金融機関は、租税法令に基づく納税者の個人番号を指定した資料の
　　　提出要求を受けた場合でも、個人番号により資料を検索することは
　　　できない。

・解説と解答・

1）不適切である。顧客の個人番号は、個人番号関係事務以外の事務に利用し
　　てはならず、個人番号関係事務の実施に必要な範囲で名寄せを行うことは
　　許されるが、個人番号関係事務以外の事務で顧客情報（商品購入履歴、資
　　産情報等）を検索・管理するために個人情報を利用することはできない
　　（Q&A18－2）。
2）不適切である。従業員の個人番号の利用目的についても、顧客の個人番号
　　と同様に利用目的を通知または公表する必要がある（個人情報保護法21条
　　1項）。
3）適切である。金融機関は、個人番号で顧客情報を検索したうえで預金の払
　　戻しを行うなど、激甚災害時に利用目的の範囲を超えて個人番号を利用す
　　ることができる（番号法9条5項）。
4）不適切である。租税当局が租税法令に基づき、納税者の個人番号を指定し
　　て資料の提出要求を行った場合、提出要求に対応する範囲で、個人番号に
　　基づいて資料の検索を行うこと自体は法令に基づく適法な行為と解され、
　　可能である（Q&A18－4）。

正解　3）

3-5 個人番号の利用③

《問》金融機関における個人番号の利用に関する次の記述のうち、最も適切なものはどれか。

1）金融機関は、顧客から契約ごとに個人番号の提供を受けている場合、個人番号関係事務を実施するために必要な範囲であっても名寄せを行うことはできず、個人番号が一致することによって結果的に同一人物であることを認識した場合には、個人番号の利用制限に違反することになる。

2）金融機関が個人番号の利用目的を「支払調書作成事務」と特定している場合において、支払金額が一定の金額に満たず、提出義務のない支払調書に個人番号を記載して税務署長に提出することは、目的外の利用として個人番号の利用制限に違反することになる。

3）金融機関は、顧客に対する個人番号の利用目的の通知方法として、個人情報の取得の際の利用目的の通知方法と同様の方法によることはできない。

4）金融機関は、セキュリティ対策を講じていても、営業上の顧客情報の管理を目的として、顧客の個人番号を利用することができない。

・解説と解答・

1）不適切である。個人番号関係事務を実施するために必要な範囲で名寄せを行うことは可能で、個人番号が一致することによって結果的に同一人物であることを認識すること自体は利用制限に違反しないとされている（Q&A18-2）。

2）不適切である。支払金額が所管法令の定める一定の金額に満たず、税務署長に提出することを要しないとされている支払調書についても、提出することまで禁止されておらず、支払調書であることに変わりはないと考えられることから、支払調書作成事務のために個人番号の提供を受けている場合には、それを税務署長に提出する場合であっても利用目的の範囲内として個人番号を利用することができるとされている（Q&A1-8）。

3）不適切である。個人情報の利用目的の通知等の方法としては、「従来から行っている個人情報の取得の際と同様に、利用目的を記載した書類の提示等の方法が考えられる」とされている（金融業務ガイドライン2頁）。

4）適切である。個人番号は、番号法があらかじめ限定的に定めた事務の範囲の中から、具体的な利用目的を特定したうえで利用するのが原則であり、金融機関が業務に関連して個人番号を利用するのは、主として、支払調書等に顧客の個人番号を記載して税務署長に提出する場合等である。例え本人の同意があったとしても、顧客管理のために個人番号を利用することはできない（金融業務ガイドライン１頁）。

正解　4）

3－6　個人番号の利用④

《問》個人番号の利用に関する次の記述のうち、最も適切なものはどれか。

1）金融機関は、個人顧客に対して融資を行うだけであれば、当該顧客から個人番号の提供を求めることができない。

2）顧客の個人情報の取扱いについて、既にプライバシーポリシーがある場合であっても、これとは別に、顧客の個人番号の取扱いに関するプライバシーポリシーを新規で作成しなければならない。

3）個人番号を利用して預貯金の相続関係を確定することができる。

4）金融機関において、当初定めた顧客の個人番号の利用目的を変更することは、いっさい許されない。

・解説と解答・

1）適切である。個人番号関係事務の範囲に融資業務は含まれていない。

2）不適切である。個人情報と個人番号の規制内容の違いを踏まえて顧客の個人番号の取扱いに対応したプライバシーポリシーとする必要があるが、顧客の個人情報用のプライバシーポリシーの調整による方法でもよく、個人情報用とは別に新規で作成することまでは義務付けられていない。

3）不適切である。個人番号関係事務の範囲に預貯金の相続関係の特定は含まれていない。

4）不適切である。当初の利用目的と関連性を有すると合理的に認められる範囲内で利用目的を変更して本人への通知等を行うことにより、利用目的を変更することができる（個人情報保護法17条2項、21条3項）。

正解　1）

3 - 7　個人番号の提供①

《問》金融機関の特定個人情報（個人番号）の提供に関する次の記述のうち、最も適切なものはどれか。

1 ）金融機関は、個人番号関係事務の処理のために個人番号の提供を受ける場合、顧客本人の代理人から個人番号の提供を受けることはできない。

2 ）金融機関は、法令の定めるところにより、個人番号を記載した国外送金等調書を税務署長に提出しなければならない場合がある。

3 ）税務当局が金融機関に対し、租税法令に基づき、納税者の個人番号を指定して資料の提出要求を行った場合、金融機関は提出要求の範囲を超えて、自らが保有する個人番号に基づき資料の検索を行うことができる。

4 ）金融機関は、顧客との契約締結の時点で支払金額が定まっておらず、支払調書の提出要否が明らかでない場合は、支払調書の作成事務が発生するかどうかが不明であることから、当該契約の締結時点で顧客に個人番号の提供を求めてはならない。

・解説と解答・

1 ）不適切である。金融機関は、個人番号関係事務実施者として、本人の代理人から個人番号の提供を受けることができる（番号法19条 3 号）。

2 ）適切である。国外送金等調書法に基づき、金融機関は、一定の場合には、個人番号を記載した国外送金等調書を税務署長に提出するものとされている。かかる事務は個人番号関係事務に該当することから、個人番号の提供を行うことができるものと考えられる（番号法19条 2 号、Q&A19 - 7 ）。

3 ）不適切である。選択肢の記載の場合、税務署に個人番号を提供することはできるものの（番号法19条15号）、資料の検索は、提出要求に対応する範囲に限定される（Q&A18 - 4 ）。

4 ）不適切である。顧客との法律関係等に基づいて個人番号関係事務の発生が予想される場合として、契約の締結時点で個人番号の提供を受けることができると解される。その後、個人番号関係事務が発生しないことが明らかになった場合には、できるだけ速やかに個人番号を廃棄または削除する必要がある（Q&A19 - 1 ）。　　　　　　　　　　　　　　　　<u>正解　2 ）</u>

3－8　個人番号の提供②

《問》金融機関における個人番号の提供に関する次の記述のうち、最も適
　　切なものはどれか。

1) 金融機関甲が金融機関乙を吸収合併した場合、吸収される乙は、支
　払調書作成事務等に必要な顧客の個人番号を、存続する金融機関甲
　に提供することができる。
2) 甲銀行と甲銀行の子会社である乙証券会社が同一の顧客と取引をし
　ており、当該顧客から非公開情報の授受について書面による同意を
　得ている場合であれば、甲乙間で顧客の個人番号を提供することが
　できる。
3) 金融機関の親会社は、子会社に転籍した従業員の個人番号を、本人
　の同意を得ずに、当該子会社に受け渡すことができる。
4) 金融機関が当該金融機関の営業所で取得した顧客の個人番号を、当
　該金融機関の親会社の経理部に引き渡すことは、番号法における個
　人番号の提供には該当しない。

・解説と解答・

1) 適切である。合併に伴う個人番号の提供として、吸収される乙は、支払調
　書作成事務等に必要な顧客の個人番号を、存続する甲に対して提供するこ
　とができる（番号法19条 6 号、金融業務ガイドライン13頁）。
2) 不適切である。非公開情報の授受について書面による同意を得ていたとし
　ても、番号法の提供制限のルールに従わない限り、親子会社間における個
　人番号の提供は許されない（金融業務ガイドライン12頁）。
3) 不適切である。同じ系列の会社間等での特定個人情報の移動であっても、
　別の法人である以上、「提供」に当たるため、親会社および子会社間で従
　業員等の個人番号を受け渡すことはできず、子会社は、改めて本人から個
　人番号の提供を受けなければならない（事業者ガイドライン25頁）。なお、
　出向・転籍・退職等の際に、当該従業員の同意がある場合は、出向・転
　籍・退職等前の使用者等から出向・転籍・再就職等先の使用者等に対し
　て、その個人番号関係事務を処理するために必要な限度で、当該従業員の
　個人番号を含む特定個人情報を提供することができる（事業者ガイドライ
　ン26～27頁）。

4）不適切である。番号法に基づく個人番号の「提供」とは、法的な人格を超
　える特定個人情報の移動を意味するものであるため、他の法人である親会
　社への引き渡しは、提供に該当する（金融業務ガイドライン11～12頁）。

正解　1）

3-9　個人番号の提供③

> 《問》金融機関における個人番号の提供に関する次の記述のうち、最も不
> 適切なものはどれか。
>
> 1）口座管理機関たる証券会社は、他の口座管理機関に対して顧客の個
> 　人番号を提供できる場合がある。
> 2）金融機関における特定個人情報の「提供」には、その取り扱う顧客
> 　情報の重要性等から、同一金融機関内の支店間における特定個人情
> 　報の移動も含まれる。
> 3）特定口座に係る所得計算等に伴う特定口座年間取引報告書の作成事
> 　務の場合、顧客から特定口座開設届出書の提出を受ける時点で、個
> 　人番号の提供を求めることとなる。
> 4）金融機関は、人の生命、身体または財産の保護のために必要がある
> 　場合において、本人の同意があり、または本人の同意を得ることが
> 　困難であるときは、特定個人情報を第三者に提供することができ
> 　る。

● 解説と解答 ●

1）適切である。番号法19条12号は、株式等振替制度を活用した顧客の特定個
　人情報の提供を可能とする規定である。

2）不適切である。特定個人情報の「提供」とは、法的な人格を超える特定個
　人情報の移動を意味するものとされており（金融業務ガイドライン11頁）、
　同一金融機関の支店間における特定個人情報の移動は、「提供」ではなく、
　「利用」に当たると解されている。

3）適切である。所得計算等に伴う特定口座年間取引報告書の作成事務の場合
　は、租税特別措置法37条の11の3第4項の規定により顧客は特定口座開設
　届出書を提出する時点で個人番号を告知する義務があるため、その時点で
　提供を求めるものとされている（金融業務ガイドライン10頁）。

4）適切である。金融機関においても、民間事業者と同様に、人の生命、身体
　または財産の保護のために必要がある場合において、本人の同意があり、
　または本人の同意を得ることが困難であるときには、特定個人情報を第三
　者に提供することができる（番号法19条16号）。

<u>正解　2）</u>

3−10　特定個人情報の保管

《問》金融機関による特定個人情報の保管に関する次の記述のうち、最も
　　不適切なものはどれか。

1 ）金融機関は、個人番号が記載された書面について、所管法令により
　　定められた保存期間を経過した後、その個人番号部分を復元不可能
　　な程度にマスキングを行えば、保管を継続することが可能である。

2 ）金融機関は、税務署に提出した支払調書の控えの保存期間を、社内
　　規則により永久保存と定めた場合、個人番号が記載された控えを、
　　保存期間の上限なく保存することができる。

3 ）金融機関は、特定口座に係る取引報告書をある年度について提出し
　　た後は、特定口座を保有する顧客について取引報告書の提出が毎年
　　義務付けられている場合、翌年度以降の取引報告書を作成する目的
　　でその顧客の特定個人情報を継続して保管することができる。

4 ）金融機関は、顧客との取引の 1 つが終了しても、合理的な期間内に
　　当初特定した利用目的の範囲内で個人番号関係事務の発生が予想さ
　　れるのであれば、個人番号を継続して保管することができる。

・解説と解答・

1 ）適切である（金融業務ガイドライン17頁）。

2 ）不適切である。個人番号が記載された支払調書の控えを保存する期間につ
　　いては、事業者による判断事項としつつ、税務における更正決定等の期間
　　制限にかんがみると、保管できる期間は最長でも 7 年が限度であるとされ
　　ている（Q&A 6 − 4 − 2 ）。

3 ）適切である。毎年取引報告書の提出が義務付けられている顧客の特定個人
　　情報は、翌年度以降も継続して個人番号の利用が必要となることから、継
　　続して保管することが可能である（金融業務ガイドライン17〜18頁）。

4 ）適切である。「 1 つの取引が終了した場合であっても、合理的な期間内に、
　　当初特定した利用目的の範囲内で、個人番号関係事務の発生が予想される
　　のであれば、個人番号を保管することができる」とされている（金融業務
　　ガイドラインパブコメ 7 番）。

正解　2 ）

3-11 個人番号の保存期間

《問》個人番号の保存期間に関する次の記述のうち、最も不適切なものは
どれか。
1) 金融機関は、所管法令によって一定期間保管が義務付けられている
書類については、当該書類を個人番号が記載された状態で、保存期
間が経過するまで保管しなければならない。
2) 2015年12月31日以前に特定口座開設届出書を提出して特定口座を開
設した顧客は、2022年1月1日以後最初に特定口座内保管上場株式
等の譲渡または配当等の受入れをする日までに個人番号を告知する
必要があり、金融機関は、その期間中に個人番号の提供を求める必
要がある。
3) 金融機関における顧客の特定個人情報を取り扱う情報システムにつ
いては、個人番号の保存期間経過後における個人番号の削除を前提
とした情報システムを構築することが望ましいとされている。
4) 支払調書の控えには法令上、保存義務が課されていないため、民間
事業者が個人番号が記載された支払調書の控えを保管することは、
個人番号関係事務として認められていない。

•解説と解答•

1) 適切である。金融機関は、所管法令によって一定期間保管が義務付けられ
ている書類については、当該書類を個人番号が記載された状態でその所管
法令において求められる保存期間が経過するまで保管しなければならない
（金融業務ガイドライン17頁）。例えば、特定口座開設届出書については、
租税特別措置法施行規則18条の13の4第1項3号に基づく保存義務が課さ
れている間は、個人番号が記載された状態で保存を継続する必要がある。
2) 適切である。2015年12月31日以前に特定口座開設届出書を提出して特定口
座を開設した既存顧客は、2016年1月1日から6年を経過した日以後最初
に特定口座内保管上場株式等の譲渡または配当等の受入れをする日まで経
過措置が認められている（国税庁 Web サイト「社会保障・税番号制度
〈マイナンバー〉FAQ「法定調書に関する FAQ」Q1-10」）。そのため、
2022年1月1日以後、最初に譲渡または配当等の受入れをする日までに個
人番号を告知する必要がある。

3) 適切である。「特定個人情報を保存するシステムにおいては、保存期間経過後における廃棄または削除を前提としたシステムを構築することが望ましい」とされている（金融業務ガイドライン18頁）。

4) 不適切である。支払調書を正しく作成して提出したかを確認するために、個人番号が記載された支払調書の控えを保管することは、個人番号関係事務の一環として認められるとされ、控えを保管する期間については、確認する必要性および特定個人情報の保有に係る安全性を勘案し、事業者において判断するとの考え方が示されている（Q&A6-4-2）。ただし、控えの保存期間は最長でも7年が限度であるとされている。

正解　4）

3−12　特定個人情報ファイルの保管・廃棄・削除①

《問》特定個人情報ファイルの保管・廃棄・削除に関する次の記述のうち、最も適切なものはどれか。

1）金融機関は、特定個人情報ファイルの廃棄または削除の記録を保存する必要はない。
2）金融機関において、顧客の特定個人情報が記載された書類等を廃棄する場合、必ず焼却または溶解の手段による必要があり、シュレッダーの利用は認められていない。
3）金融機関において、顧客の特定個人情報が記録された機器および電子媒体等を廃棄する場合、物理的な破壊による必要があり、専用のデータ削除ソフトウェアの利用は認められていない。
4）金融機関は、特定個人情報ファイルの廃棄を第三者に委託した場合、委託先が確実に廃棄したことを確認する必要がある。

・解説と解答・

1）不適切である。民間事業者が特定個人情報ファイルの廃棄または削除を行った場合は、その記録を保存しなければならない（事業者ガイドライン安全管理措置別添2E）。
2）不適切である。復元不可能な程度に細断可能なシュレッダーの利用も認められている（事業者ガイドライン安全管理措置別添2E）。
3）不適切である。復元不可能な手段として、専用のデータ削除ソフトウェアの利用も認められている（事業者ガイドライン安全管理措置別添2E）。
4）適切である。民間事業者は、物理的安全管理措置として、委託先による確実な廃棄等を証明書等により確認する必要があるとされている（事業者ガイドライン安全管理措置別添2E）。

正解　4）

3－13　特定個人情報ファイルの保管・廃棄・削除②

《問》特定個人情報ファイルの保管・廃棄・削除に関する次の記述のうち、最も不適切なものはどれか。

1 ）保管の必要のない個人番号または特定個人情報ファイルの継続保管は、番号法上の保管制限に違反する。
2 ）個人番号もしくは特定個人情報ファイルを破棄または削除した場合には、各担当者が完全に破棄または削除したことを確認すれば、記録をとるかは任意である。
3 ）金融機関が個人番号もしくは特定個人情報ファイルを削除した場合の、削除した記録には、個人番号を含めない。
4 ）個人番号または特定個人情報ファイルの委託先による破棄または削除が確実に行われていなかった場合、保管制限違反や、委託先の監督および安全管理措置を十分果たさなかったことによる責任が発生する可能性がある。

・解説と解答・

1 ）適切である。個人番号は、番号法で限定的に明記された事務を処理するために収集または保管されるものであるから、それらの事務を行う必要がある場合に限り特定個人情報を保管し続けることができるが、それらの事務を処理する必要がなくなった場合で、所管法令において定められている保存期間を経過した場合には、個人番号をできるだけ速やかに廃棄または削除しなければならない（事業者ガイドライン31頁）。

2 ）不適切である。個人番号もしくは特定個人情報ファイルを破棄または削除した場合には、物理的安全管理措置の一内容として、破棄または削除した記録を保存することとされている（事業者ガイドライン安全管理措置別添 2E）。

3 ）適切である。民間事業者が個人番号もしくは特定個人情報ファイルを削除した場合の、削除した記録の内容としては、特定個人情報ファイルの種類・名称、責任者・取扱部署、削除・廃棄状況等を記録することが考えられ、個人番号自体は含めない（Q&A 6 － 8 ）。これは、個人番号を含む記録とすると、当該記録が特定個人情報ファイルとなり、個人番号の保管が継続していると考えられるためである。

4）適切である。個人番号または特定個人情報ファイルの委託先による破棄または削除が確実に行われていなかった場合、保管制限に違反する事態となることに加え、個人番号の漏えいが発生した場合には、委託先の監督（番号法11条）および安全管理措置（同法12条）を十分果たさなかったことによる責任が発生する可能性がある。

正解　2）

3－14　預貯金等付番に係る個人番号の取扱い①

《問》預貯金に係る個人番号の取扱いに関する次の記述のうち、最も不適
　　　切なものはどれか。
　1）金融機関は、預貯金者の情報を個人番号によって検索できる状態で
　　　管理することを義務付けられている。
　2）預貯金口座付番に際しての個人番号の収集において、顧客から個人
　　　番号の提供を拒絶された場合、金融機関としてはその後の対応を採
　　　る必要はない。
　3）預貯金口座付番に関し、個人番号を収集する際の利用目的として、
　　　「預金口座への付番に関する事務」と特定する必要がある。
　4）番号法上、預貯金口座付番に伴う個人番号の収集に関し、民間事業
　　　者による個人番号の収集とは別の特別なルールは設けられてはいな
　　　い。

・解説と解答・

1）適切である。国税通則法および地方税法により、金融機関は、預貯金者等
　の情報を個人番号によって検索できる状態で管理しなければならないとす
　る義務を課されており、そのことによって、社会保障制度における資力調
　査や税務調査において、効率的な利用に資することとされている。
2）不適切である。個人番号の収集が拒絶された場合であっても、預貯金口座
　付番の位置付け等を顧客に対して説明するなどして個人番号の収集に向け
　て努力することは求められると考えられる。
3）適切である（Q&A18－5）。
4）適切である。番号法上、預貯金口座付番特有の収集方法は定められていな
　い。

正解　2）

3−15　預貯金等付番に係る個人番号の取扱い②

《問》預貯金に係る個人番号の取扱いに関する次の記述のうち、最も不適
　　切なものはどれか。
　1）預金保険機構は、預金保険法による預金等に係る債権の額の把握に
　　　関する事務において、個人番号を利用することができる。
　2）預貯金者は、金融機関に対して個人番号の告知義務は負っていな
　　　い。
　3）金融機関が、当初の利用目的を「金融商品取引に関する支払調書作
　　　成事務」と特定し、顧客から個人番号の提供を受けていた場合、
　　　「預貯金口座への付番に関する事務」のためにその個人番号を利用
　　　するには、利用目的を変更して、変更された利用目的を本人に通知
　　　または公表する必要がある。
　4）2018年1月から預貯金口座への個人番号の付番が始まったことによ
　　　り、すべての預貯金取扱金融機関は、その対応を法的に義務付けら
　　　れることになった。

・解説と解答・

1）適切である。預金保険機構を個人番号利用事務実施者とする「預金保険法
　…による預金等に係る債権の額の把握に関する事務であって主務省令で定
　めるもの」が個人番号利用事務の範囲に含まれる（番号法別表1第55の
　2）。
2）適切である。預貯金者に、金融機関に対する個人番号の告知義務を課す規
　定は設けられていない。
3）適切である。金融機関が個人番号の提供を受けた時点で利用目的として特
　定されていなかった「預貯金口座への付番に関する事務」のために、その
　個人番号を利用することは、特定した利用目的を超えて個人番号を利用す
　ることになるため、当該事務のためにその個人番号を利用するには、利用
　目的を明示して改めて個人番号の提供を受けるか、利用目的を変更して、
　変更された利用目的を本人に通知し、または公表する必要がある
　（Q&A18−5）。
4）不適切である。2015年9月公布の番号法の一部改正法では、2018年1月か
　らの預貯金口座への個人番号の付番は義務ではなく、あくまで任意とされ

ていた。この状況は現在も同様である。

　なお、デジタル改革関連法の 1 つである「預貯金者の意思に基づく個人番号の利用による預貯金口座の管理等に関する法律」が2021年 5 月に、次の①～③を骨子として、公布された（施行日は、公布日から 3 年以内（一部の内容を除く））。同法においても、国民が個人番号を金融機関に告知する義務は規定しない。

①　金融機関は、口座開設時等に預貯金者に対し、番号利用による預貯金口座の管理の希望の有無を確認しなければならないと規定する。

②　金融機関窓口からの番号登録だけでなく、マイナポータルからも可能とする。

③　預貯金者の意思に基づき、預金保険機構を介して、一度に複数の金融機関の口座へ付番できる。

　また、公的給付の迅速かつ確実な支給のため、預貯金口座の情報を個人番号とともにマイナポータルにあらかじめ登録し、行政機関等が当該口座情報の提供を求めることができることとするとともに、特定公的給付の支給のため個人番号を利用して管理できることとする「公的給付の支給等の迅速かつ確実な実施のための預貯金口座の登録等に関する法律」が、2021年 5 月に公布、施行された（一部の内容を除く）。特定公的給付とは、個別の法律の規定によらない公的給付のうち、国民生活および国民経済に甚大な影響を及ぼすおそれがある災害もしくは感染症が発生した場合に支給されるもの、または経済事情の急激な変動による影響を緩和するために支給されるものとして内閣総理大臣が指定するものをいう。これは金融機関へ個人番号の届出を行う制度（預貯金口座へのマイナンバーの付番）とは異なる。

正解　4 ）

3 −16 激甚災害時における個人番号の取扱い①

《問》金融機関における激甚災害時の個人番号の利用に関する次の記述の
うち、最も適切なものはどれか。

1 ）金融機関が、激甚災害時に金銭の支払を行うために個人番号を利用
する場合、利用目的として特定して、本人への通知等を行う必要は
ない。

2 ）金融機関の激甚災害時における個人番号の利用は、保険金等の支払
を目的とするものであるため、保険金等の支払の可否を確認するた
めに利用することは許されない。

3 ）金融機関が既に保有している個人番号の顧客に対して、激甚災害時
の金銭の支払を目的として個人番号を利用するには、本人から個人
番号の提供を受けない場合であっても、改めて激甚災害内閣府令に
基づく本人確認措置が必要とされる。

4 ）金融機関は、激甚災害が発生し、保険金等の受取人から保険契約の
内容確認の依頼を受けた場合に、最終的に保険金の支払に至らない
可能性があることから、このような場合に個人番号を利用すること
はできない。

・解説と解答・

1 ）適切である。「激甚災害時等に金銭の支払を行う場合には、法律の規定に
基づき当初特定した利用目的を超えた個人番号の利用が認められているも
のであるため、当該事務を利用目的として特定して、本人への通知等を行
う必要はありません。なお、激甚災害時等に金銭の支払を行うために個人
番号を利用することは、番号法の認めた例外であり、個人番号関係事務又
は個人番号利用事務のどちらにも該当しないため、当該事務を利用目的と
して特定し、個人番号の提供を受けることはできません」とされている
（Q&A18− 3 ）。

2 ）不適切である。最終的に保険金等の支払に至らない場合でも、保険金等の
支払の可否を確認するために個人番号を利用することは可能と考えられる
とされる（「激甚災害内閣府令」（激甚災害デジタル庁令の旧名称）に係る
パブリックコメント 3 番）。

3 ）不適切である。激甚災害時に本人等から個人番号の提供を受けずに、金銭

の支払を目的として、金融機関が既に保有している顧客の個人番号を例外的に利用する場合には、激甚災害デジタル庁令に基づく本人確認措置を実施する必要はないとされている（「激甚災害内閣府令」に係るパブリックコメント4番）。

4）不適切である。「保険契約者や保険金等受取人等から、保険金等の支払がされるかどうか確認を行うため、契約内容の確認が依頼される場合」においては、「最終的に支払いに至らない場合でも」「個人番号を利用することは可能と考えます」との考え方が示されている（「激甚災害内閣府令」に係るパブリックコメント3番）。

正解　1）

3－17　激甚災害時における個人番号の取扱い②

《問》金融機関における激甚災害時の個人番号の利用に関する次の記述の
うち、最も不適切なものはどれか。

1）金融機関が激甚災害時に金銭の支払を行うために、本人から個人番
号の提供を受ける場合、当該本人から、住民票の写しと併せて運転
免許証の提示を受けることにより、本人確認を行うことができる。

2）金融機関が激甚災害時に金銭の支払を行うために、本人の法定代理
人から個人番号の提供を受ける場合、法定代理人であることの証明
は、戸籍謄本のコピーの提示で足りる。

3）金融機関における個人番号の利用について、激甚災害が発生したと
きに準じる場合の法令の規定として、激甚災害デジタル庁令には、
消防法や原子力災害対策特別措置法等に基づくものが定められてい
る。

4）金融機関は、激甚災害が発生したときに預貯金や保険金の払戻しに
必要な限度で個人番号を利用することができる。

・解説と解答・

1）適切である。住民票の写しと運転免許証の組み合わせでの本人確認は可能
である（激甚災害デジタル庁令2条1項1号および2号）。

2）不適切である。「コピーについてはなりすまし防止のため認められないも
のと考えます」とされている（「激甚災害内閣府令」に係るパブコメ2
番）。

3）適切である。激甚災害デジタル庁令1条1号および4号により定められて
いる。

4）適切である。金融機関は、激甚災害が発生したときその他これに準ずる場
合として政令で定めるときは、激甚災害デジタル庁令で定めるところによ
り、あらかじめ締結した契約（預金契約、保険契約など）に基づく金銭の
支払を行うために必要な限度で個人番号を利用することができる（番号法
9条5項）。

正解　2）

3−18　法人番号の取扱い①

《問》金融機関による法人番号の取扱いに関する次の記述のうち、最も適
　　切なものはどれか。
　1）生命保険契約等の一時金の支払調書には、保険金等受取人および保
　　険契約者等の個人番号を記載する欄があるが、保険金等受取人また
　　は保険契約者等が法人である場合には、その法人番号を記載する必
　　要はない。
　2）金融機関は、法人番号による顧客管理を行ってはならず、法人番号
　　を顧客カードに記載してはならない。
　3）金融機関は、国税庁のWebサイトにアクセスすることにより、法
　　令の規定により設立の登記をした法人の法人番号を調べることがで
　　きる。
　4）所得税法により法人顧客から金融機関に対する法人番号の告知義務
　　が定められている場合であっても、金融機関が国税庁のWebサイ
　　トから法人番号を調べることとすれば、当該告知義務は免除され
　　る。

・解説と解答・

　1）不適切である。保険金等受取人または保険契約者等が法人である場合、生
　　命保険契約等の一時金の支払調書に法人番号の記載が必要となる（所得税
　　法225条1項4号、同法施行規則86条1項）。
　2）不適切である。法人番号には利用目的の制限がないため（国税庁「法人番
　　号に関するFAQ」Q「法人番号の利用範囲はマイナンバー（個人番号）
　　と同じですか」）、法人番号を顧客カードに記載するなど、法人番号による
　　顧客管理を行うことができる。
　3）適切である。法人番号は国税庁により公表される（番号法39条4項）。
　4）不適切である。所得税法等の関連法令により法人顧客から金融機関に対す
　　る法人番号の告知義務が定められている場合は、法人顧客から法人番号の
　　提供を受ける必要があり、金融機関が国税庁のWebサイトから法人番号
　　を調べることとすることで、当該告知義務が免除されるわけではない。

正解　3）

3−19　法人番号の取扱い②

《問》金融機関による法人番号の取扱いに関する次の記述のうち、最も適
切なものはどれか。
1) 法人番号は、インターネットを通じて公表されているため、法令に
基づき、金融機関が、法人顧客から法人番号の告知を受けなければ
ならない場面は生じない。
2) 金融機関は、国税庁「法人番号公表サイト」で提供されている法人
番号等の情報を検索および閲覧することは可能であるが、当該情報
をダウンロードすることは認められていない。
3) 金融機関は、金融業務に関連して、顧客管理のために法人番号を利
用することができる。
4) 金融機関は、法人顧客から直接に法人番号の提供を受けて収集した
場合に限り、当該法人番号を法人顧客の管理のために利用すること
が許容されている。

・解説と解答・

1) 不適切である。マイナンバー制度とは別の所得税法等の関連政省令によ
り、告知義務が定められている場合は、法人顧客が法人番号を告知する必
要がある。
2) 不適切である。情報をダウンロードすることができる者に制限はない。
3) 適切である。法人番号は、個人番号とは異なり利用範囲の制約がないた
め、顧客管理のために利用することもできる（国税庁「法人番号に関する
FAQ」Q「法人番号の利用範囲はマイナンバー（個人番号）と同じです
か」）。
4) 不適切である。法人番号には利用範囲の制約がなく（国税庁「法人番号に
関するFAQ」Q「法人番号の利用範囲はマイナンバー（個人番号）と同
じですか」）、法人顧客から直接法人番号の提供を受けて収集した場合に限
らず、金融機関が国税庁のWebサイトにアクセスすることにより法人番
号を調べた場合であっても、当該法人番号を法人顧客の管理のために利用
することができる。

正解　3)

3-20　番号法に基づく本人確認措置①

《問》番号法に基づく本人確認措置に関する次の記述のうち、最も不適切なものはどれか。

1）金融機関が本人から個人番号の提供を受ける場合の本人確認の措置は、当該金融機関に対する法令上の義務である。

2）本人確認を行う際に個人番号カードの提示を受けた場合は、個人番号カードのみで番号確認と身元確認の両方を実施することができる。

3）金融機関が、番号法の本人確認の措置を実施するにあたり、本人確認の記録を残す目的で本人確認書類として提出を受けた書類のコピーを保管することは、保管するコピーに対して安全管理措置を適切に講じたとしても、いっさい許されない。

4）電話により個人番号の提供を受ける際に本人確認を行う場合は、番号確認を過去に本人確認のうえで作成している特定個人情報ファイルの確認により行い、身元確認を本人にしか知り得ない事項その他の個人番号利用事務実施者が適当と認める事項の申告を受けることにより行うことができる。

・解説と解答・

1）適切である。個人番号関係事務実施者である民間事業者が本人から個人番号の提供を受けるときは、本人確認の措置をとらなければならないとされている（番号法16条）。

2）適切である。個人番号カードにより本人確認を行う場合は、個人番号カードのみで番号確認と身元確認を行うことができる（番号法16条、事業者ガイドライン33～35頁）。

3）不適切である。安全管理措置を適切に講ずる必要があるが、本人確認の記録を残すために本人確認書類のコピーを保管することは可能とされている。なお、個人番号を取得する際の本人確認書類の取扱いをめぐって、本人と事業者の間でトラブルとなる事例が発生していることに鑑みると、個人番号の確認の際に、本人確認書類のコピーの提出を受けた場合、必要な手続を行った後に本人確認書類が不要となった段階で、速やかに廃棄することとされている（Q&A6-2）。

4）適切である。電話により個人番号の提供を受ける際に本人確認を行う場合
　は、番号確認を過去に本人確認のうえで作成している特定個人情報ファイ
　ルの確認により行い、身元確認を「本人しか知り得ない事項その他の個人
　番号利用事務実施者が適当と認める事項の申告」により行うことができる
　とされている（施行規則2条5項）。

正解　3）

3－21　番号法に基づく本人確認措置②

《問》番号法に基づく本人確認措置に関する次の記述のうち、最も不適切なものはどれか。

1）番号法に基づき、個人番号カードの提供を受ける際に行う本人確認として、番号確認と身元確認の2種類の確認を行う必要がある。
2）個人番号が記載された住民票記載事項証明書により、番号確認を行うことができる。
3）金融機関が顧客から個人番号の提供を受けるため、本人確認を行う際に個人番号カードの提示を受けた場合、番号確認は個人番号カードによって行うことができ、身元確認のため、別途書類は必要ない。
4）番号法に基づく本人確認の措置は、対面で行わなければならず、書類の送付による本人確認を行うことはできない。

・解説と解答・

1）適切である。番号法に基づき、番号確認と身元確認の2種類の確認が必要となる（番号法16条）。
2）適切である。個人番号が記載された住民票記載事項証明書は、番号確認書類に含まれている（施行令12条1項1号）。
3）適切である。本人確認について、個人番号カードによる場合には、身元確認書類が別途必要とならない（番号法16条）。
4）不適切である。確認書類の原本または写しの送付を受ける方法による本人確認が可能である（施行規則11条1項）。

正解　4）

3－22　番号法に基づく本人確認措置③

《問》番号法に基づく本人確認措置に関する次の記述のうち、最も適切なものはどれか。

1）番号法に基づく本人確認の措置のために身元確認書類として運転免許証の提示を受ける場合、さらに健康保険証等の公的証明書の提示を受けることが必要である。

2）本人の代理人から個人番号を収集する際は、代理人の身元確認を行う必要はあるが、本人の身元確認を行う必要はない。

3）番号法に基づく本人確認の措置を実施した場合に、本人確認の記録を作成することが番号法上義務付けられており、その具体的な記録事項も、番号法で定められている。

4）金融機関は、顧客が預貯金口座を開設した際に犯罪収益移転防止法に基づく取引時確認を行っている場合、顧客から個人番号の提供を受ける際は、番号法に基づく本人確認を行う必要がない。

・解説と解答・

1）不適切である。運転免許証等の写真付の身元確認書類による身元確認を行った場合には、提示を受ける書類は1種類で足りる（施行規則1条1号・2号、事業者ガイドライン33頁）。

2）適切である（施行令12条2項、事業者ガイドライン34頁）。

3）不適切である。本人確認を実施したことに関する記録の作成は、番号法上、義務とはされておらず、民間事業者の判断のもとで行うこととされている。

4）不適切である。犯罪収益移転防止法に基づく取引時確認と番号法上の本人確認とは別の手続であり、前者を行っていれば後者を省略できるというものではない（金融業務ガイドラインパブコメ49番）。

正解　2）

3－23　税務調査と個人番号

《問》税務調査と個人番号に関する次の記述のうち、最も適切なものはどれか。
1）金融機関は、税務当局による税務調査において、個人番号を指定して資料の提出要求が行われた場合、その個人番号に基づいて資料の検索を行うことはできない。
2）税務署が、個人番号の記載のない法定調書を受理することはない。
3）金融機関は、税務当局による租税に関する法律の規定に基づく犯則事件の調査の場合であっても、税務当局に対し、個人番号そのものを提供することはできない。
4）金融機関は、法令の定めるところにより、個人番号を記載した国外送金等調書を税務署長に提出しなければならない場合がある。

・解説と解答・

1）不適切である。税務当局が、番号法19条15号等の規定に従って、租税法令に基づき、納税者の個人番号を指定して資料の提出要求を行った場合、提出要求に対応する範囲で、個人番号に基づいて資料の検索を行うこと自体は法令に基づく適法な行為とされている（Q&A18－4）。
2）不適切である。個人番号を記載することができない場合には、個人番号の記載がない法定調書を受理するとされている。
3）不適切である。金融機関は、租税に関する法律の規定に基づく犯則事件の調査のときには、特定個人情報を提供することができる（番号法19条15号）。
4）適切である。国外送金等調書法に基づき、金融機関は、一定の場合には、個人番号を記載した国外送金等調書を税務署長に提出するものとされている。係る事務は個人番号関係事務に該当することから、個人番号の提供を行うことができるものと考えられる（番号法19条2号）。

正解　4）

3－24　金融機関の国外送金等業務

《問》金融機関の国外送金等業務における顧客の個人番号の取扱いに関する次の記述のうち、最も適切なものはどれか。

1）金融機関は、国外送金等調書の提出を省略することができる少額の国外送金の依頼を受ける場合は、個人番号が記載された告知書の提出を受けてはならない。

2）国外送金を受け付ける金融機関は、個人番号が記載された国外送金等調書法に係る告知書の提出を受ける際に、当該国外送金を行おうとする者について、国外送金等調書法に基づく本人確認と番号法に基づく本人確認措置の両方を行わなければならない。

3）金融機関に開設された預貯金口座宛てに日本国外から送金が行われた場合であって、送金の受領者が非居住者であるときは、金融機関は、受領者が個人番号を有しないことを理由として、送金額相当の預貯金の払戻しを拒否しなければならない。

4）国外送金を受け付ける金融機関は、顧客が本人名義で開設した口座（本人口座）からの振替により国外送金を実施する場合であっても、当該顧客から個別に個人番号が記載された国外送金等調書法に係る告知書の提出を受ける必要がある。

・解説と解答・

1）不適切である。送金額が100万円以下である場合は支払調書の提出は不要とされているが（国外送金等調書法4条1項、同法施行令8条1項）、このような場合であっても、「国外送金等調書法の規定に従って個人番号が記載された告知書の提供を受けることができます」（Q&A19－7）とされている。

2）適切である。国外送金を受け付ける金融機関は、国外送金等調書法に係る告知書の提出を受ける際に、当該国外送金を行おうとする者について、国外送金等調書法に基づく本人確認と番号法に基づく本人確認措置の両方を実施する必要がある（国外送金等調書法3条1項柱書後段、番号法16条）。

3）不適切である。個人番号を有しない非居住者について、預貯金の払戻しの拒否を可能とする法的根拠はない。内閣府番号制度担当室・金融庁総務企画局政策課「金融機関における非居住者が行う国外送金手続とマイナンバ

ーについて」（2016年2月22日）においても、「送金の受領者が非居住者であることによりマイナンバーを有しない場合、マイナンバーがないことのみを理由として、金融機関が…送金された金銭の払出しを拒否することはありません」と説明されている。

4）不適切である。本人名義で開設した口座（本人口座）からの振替による国外送金は、国外送金等調書法上の特定送金に該当し（同法3条2項）、その国外送金を行おうとする者から個別に個人番号が記載された同法に係る告知書の提出を受ける必要はない（同法3条1項柱書参照）。

正解　2）

3－25　各種書類等と個人番号①

《問》各種書類等と個人番号に関する次の記述のうち、最も適切なものは
どれか。

1) 金融機関の渉外担当者は、特定個人情報の漏えい等を防止するため
の適切な安全管理措置が講じられている場合、外部で収集した個人
番号が記載された書類を営業所に持ち帰ることができるが、個人番
号の収集と契約締結事務を顧客の自宅で同時に行うことは、漏えい
等の危険性が高まるため許されない。

2) 金融機関が顧客から個人番号の提供を受ける際の身元確認として、
国税の領収書を身元確認書類として用いる場合は、提示時において
領収日付または発行年月日が3カ月以内のものに限られる。

3) 金融サービスに関する契約の締結時点で支払調書を提出する必要が
あるかどうかが明らかでない場合、顧客から個人番号を収集するこ
とはできない。

4) 金融機関は、特定口座に係る所得計算等に伴う特定口座年間取引報
告書の作成事務を行う場合、顧客が特定口座開設届出書を提出する
時点で個人番号の提供を求めることとなる。

・解説と解答・

1) 不適切である。渉外担当者による個人番号の収集および持帰りは、「特定
個人情報等の情報漏えい等を防止するための適切な安全管理措置が講じら
れていれば可能であると考えられます」とされている（金融業務ガイドラ
インパブコメ25番）。そして、かかる措置を講じていれば、契約締結事務
を同時に行うことも可能である。

2) 不適切である。国税の領収書を特定口座開設等の国税分野において身元確
認書類として用いる場合は、提示時において領収日付または発行年月日が
6カ月以内のものに限るとされている（国税庁告示3「国税分野における
番号法に基づく本人確認方法〔事業者向け〕（令和4年4月）」15頁）。

3) 不適切である。「契約の時点で支払金額が定まっておらず、支払調書の提
出要否が明らかでない場合、その契約締結時点で個人番号の提供を求める
ことができますか」との質問に対し、「顧客との法律関係等に基づいて、
個人番号関係事務の発生が予想される場合として、契約の締結時点で個人

番号の提供を受けることができると解されます。その後、個人番号関係事務が発生しないことが明らかになった場合には、できるだけ速やかに個人番号を廃棄又は削除する必要があります」との考え方が示されている（Q&A19－1）。

4）適切である。特定口座に係る所得計算等に伴う特定口座年間取引報告書の作成事務の場合、法令の規定により顧客は特定口座開設届出書を提出する時点で個人番号を告知する義務があるため、その時点で提供を求めることとなる（金融業務ガイドライン10頁）。

正解　4）

3−26　各種書類等と個人番号②

《問》各種書類等と個人番号に関する次の記述のうち、最も不適切なもの
　　　はどれか。

1）所得税法により、従業員本人に交付することが義務付けられている
　　給与所得の源泉徴収票には、当該従業員の個人番号を記載する欄は
　　設けられていない。

2）報酬、料金、契約金および賞金の2016年分以降の支払分に係る支払
　　調書については、支払を受ける者の個人番号または法人番号と支払
　　者の個人番号または法人番号を記載することになっている。

3）所管法令によって保存期間が定められている特定口座開設届出書の
　　ような個人番号が記載された書類については、保存期間が経過した
　　場合、原則として、当該書類をできるだけ速やかに廃棄しなければ
　　ならない。

4）給与所得の源泉徴収票の税務署提出用の様式において、控除対象扶
　　養親族の個人番号の記載欄はない。

・解説と解答・

1）適切である。本人交付用の給与所得の源泉徴収票については、2015年10月
　　に所得税法施行規則93条が改正され、当該本人および扶養親族の個人番号
　　を記載しないこととされた（Q&A 5−2）。

2）適切である。

3）適切である。特定口座開設届出書は、租税特別措置法施行規則18条の13の
　　4第1項3号により、当該届出書に係る特定口座につき特定口座廃止届出
　　書等の提出があった日の属する年の翌年から5年間保存することとなって
　　いる。このような所管法令に保存期間の定めのある書類については、当該
　　期間を経過した場合、当該特定口座開設届出書に記載された個人番号を保
　　管しておく必要はなく、原則として、個人番号が記載された特定口座開設
　　届出書をできるだけ速やかに廃棄しなければならないとされている（金融
　　業務ガイドライン18頁）。

4）不適切である。給与所得の源泉徴収票の税務署提出用の様式においては、
　　控除対象扶養親族の個人番号の記載欄がある。

正解　4）

3 −27　各種書類等と法人番号①

《問》金融機関が法人顧客の法人番号を記載して提出する税務関係書類として、次のうち最も不適切なものはどれか。
1 ）利子等の支払調書
2 ）生命保険契約等の一時金の支払調書
3 ）配当、剰余金の分配、金銭の分配および基金利息の支払調書
4 ）金融機関の法人税申告書

・解説と解答・

1 ）適切である。利子等の支払調書の記載事項には法人番号が含まれる（所得税法225条 1 項 1 号、同法施行規則82条 1 項 1 号）。

2 ）適切である。生命保険契約等の一時金の支払調書の記載事項には法人番号が含まれる（所得税法225条 1 項 4 号、同法施行規則86条 1 項 1 号）。

3 ）適切である。配当、剰余金の分配、金銭の分配および基金利息の支払調書の記載事項には法人番号が含まれる（所得税法225条 1 項 2 号、同法施行規則83条 1 項 1 号イ）。

4 ）不適切である。金融機関が提出する法人税申告書に記載するのは、金融機関自身の法人番号である。

正解　4 ）

3−28　各種書類等と法人番号②

《問》金融機関において、法人番号を記載する必要のある税務関係書類の
　　取扱いに関する次の記述のうち、最も適切なものはどれか。
　1）金融機関において、自社の法人番号を記載する税務関係書類として
　　は、法人税申告書、印紙税納税申告書がある。
　2）金融機関において、自社の法人番号については税務関係書類への記
　　載義務があるが、顧客の法人番号の税務関係書類への記載は、すべ
　　て任意とされている。
　3）金融機関において、顧客の法人番号を記載する税務関係書類は、信
　　託の計算書のみである。
　4）生命保険契約等の一時金支払調書には、保険金等受取人および保険
　　契約者等の個人番号を記載する欄があるが、保険金等受取人または
　　保険契約者等が法人である場合の当該法人の法人番号を記載する欄
　　は設けられていない。

・解説と解答・

1）適切である。金融機関自身の法人番号を記載する税務関係書類としては、
　法人税申告書、印紙税納税申告書などがある。
2）不適切である。法人顧客の法人番号についても、記載が義務付けられてい
　る税務関係書類がある。
3）不適切である。信託の計算書のほか、利子等の支払調書、配当、剰余金の
　分配、金銭の分配および基金利息の支払調書、生命保険契約等の一時金の
　支払調書などがある。
4）不適切である。生命保険契約等の一時金の支払調書には、保険金等受取人
　または保険契約者等が法人である場合の当該法人の法人番号の記載欄が設
　けられている。

<u>正解　1）</u>

第4章

その他業務とマイナンバー保護

4-1　個人番号に関する事務の委託先管理①

《問》個人番号関係事務の委託に関する次の記述のうち、最も適切なものはどれか。

1 ）民間事業者は、国内にある個人番号関係事務の委託先に対しては必要かつ適切な監督を行う必要があるが、国外にある個人番号関係事務の委託先に対しては同等の監督を行う必要がない。

2 ）民間事業者は、個人番号関係事務の委託先との間で、個人番号をその内容に含まない個人情報の取扱いに関する条項と、特定個人情報の取扱いに関する条項とを分別した形式で作成した委託契約書を締結する必要がある。

3 ）民間事業者は、個人番号関係事務の再委託を許諾するにあたっては、書面等により記録として残る形式で行うことが望ましい。

4 ）主に従業員等の個人番号を取り扱う民間事業者の場合と異なり、顧客の個人番号を取り扱う金融機関は、個人番号の取扱いを外部に委託することが認められていない。

・解説と解答・

1 ）不適切である。国内外を問わず、委託先において必要かつ適切な安全管理措置が講じられる必要がある（Q&A 3 - 3 ）。なお、必要かつ適切な監督には、①委託先の適切な選定（具体的な確認事項：委託先の設備、技術水準、従業者に対する監督・教育の状況、その他委託先の経営環境等）、②委託先に安全管理措置を遵守させるために必要な契約の締結、③委託先における特定個人情報の取扱状況の把握が含まれる。なお、外国にある第三者に特定個人情報の取扱いを委託する場合においては、安全管理措置として外的環境の把握を行う必要がある。事業者が、外国において特定個人情報等を取り扱う場合、当該外国の個人情報の保護に関する制度等を把握した上で、特定個人情報等の安全の管理のために必要かつ適切な措置を講じなければならない（事業者ガイドライン安全管理措置別添 2G ）。

2 ）不適切である。番号法上の安全管理措置が遵守されるのであれば、個人情報の取扱いと特定個人情報の取扱いとで条項を分別する必要はないとされている（Q&A 3 - 4 ）。

3 ）適切である。再委託の許諾の方法についての制限はないが、安全管理措置

について確認する必要があることにかんがみ、書面等により記録として残る形式をとることが望ましいとされている（Q&A 3 −10)。

4）不適切である。民間事業者の場合と同様に、金融機関の個人番号の取扱いについても、外部の委託先にその取扱いを委託することが認められている。

正解　3）

4-2 個人番号に関する事務の委託先管理②

> 《問》個人番号に関する事務の委託先管理に関する次の記述のうち、最も
> 適切なものはどれか。
> 1）個人番号関係事務の委託を受けた者は、当該委託をした者に、事前
> または事後に通知すれば、委託を受けた業務の一部を再委託するこ
> とができる。
> 2）個人番号関係事務の委託契約では、「再委託における条件」を定め
> る条項を盛り込む必要はない。
> 3）個人番号関係事務を委託する民間事業者が、委託先において、個人
> 番号が漏えい等しないように、必要かつ適切な安全管理措置を講じ
> る必要があるのは国内のみである。
> 4）民間事業者が個人番号関係事務の委託を行う場合、委託契約の条項
> として、「委託契約終了後の特定個人情報の返却または廃棄」を盛
> り込む必要があるとされている。

・解説と解答・

1）不適切である。再委託には、委託した者の許諾が必要である（番号法10
条）。最初の委託者の許諾を得ていない場合、委託先だけでなく、再委託
先も番号法違反となる可能性がある（Q&A3-8-2）。

2）不適切である。「再委託における条件」は、事業者ガイドラインにおいて、
委託契約に盛り込む必要のある条項とされている（事業者ガイドライン19
頁）。なお、事業者ガイドラインには次の通り記載がある。「委託先の選定
については、委託者は、委託先において、番号法に基づき委託者自らが果
たすべき安全管理措置と同等の措置が講じられるか否かについて、あらか
じめ確認しなければならない。具体的な確認事項としては、委託先の設
備、技術水準、従業者に対する監督・教育の状況、その他委託先の経営環
境等が挙げられる。委託契約の締結については、契約内容として、秘密保
持義務、事業所内からの特定個人情報の持ち出しの禁止、特定個人情報の
目的外利用の禁止、再委託における条件、漏えい等事案が発生した場合の
委託先の責任、委託契約終了後の特定個人情報の返却又は廃棄、従業者に
対する監督・教育、契約内容の遵守状況について報告を求める規定等を盛
り込まなければならない。また、これらの契約内容のほか、特定個人情報

を取り扱う従業者の明確化、委託者が委託先に対して実地の調査を行うことができる規定等を盛り込むことが望ましい。委託先における特定個人情報の取扱状況の把握については、前記の契約に基づき報告を求めること等により、委託契約で盛り込んだ内容の実施の程度を把握した上で、委託の内容等の見直しを検討することを含め、適切に評価することが望ましい」。

3）不適切である。個人番号関係事務を委託する民間事業者は、国内外を問わず、委託先において、個人番号が漏えい等しないように、必要かつ適切な安全管理措置を講じる必要がある。

4）適切である。事業者ガイドラインにおいて、委託契約に盛り込む必要のある条項とされている（事業者ガイドライン19頁）。

<u>正解　4）</u>

4 - 3　個人番号に関する事務の委託先管理③

《問》個人番号に関する事務の委託に関する次の記述のうち、最も不適切なものはどれか。

1）個人番号関係事務の委託を行う場合は、当該委託に係る個人番号関係事務において取り扱う特定個人情報の安全管理が図られるよう、委託先に対して必要かつ適切な監督を行わなければならない。

2）個人番号関係事務の再委託を行う場合には、最初の委託者の許諾が必要となるが、再委託先からさらに委託を行う場合には、最初の委託者の許諾は不要となる。

3）個人番号関係事務の委託を行う場合、その委託契約には、「特定個人情報の目的外利用の禁止」を盛り込む必要がある。

4）金融機関が、個人番号の記載された書類の郵送を配送業者に依頼することは、金融機関と配送業者との間で特に個人番号の取扱いについての合意があった場合を除き、番号法上の委託には該当しない。

・解説と解答・

1）適切である。委託先について必要かつ適切な監督を行うことが求められる（番号法11条）。必要かつ適切な監督には、①委託先の適切な選定、②委託先に安全管理措置を遵守させるために必要な契約の締結、③委託先における特定個人情報の取扱状況の把握が含まれる（事業者ガイドライン19頁）。

2）不適切である。再委託以降の委託についても最初の委託者の許諾が必要である（番号法10条、Q&A3 - 8）。再委託につき許諾を要求する規定は、最初の委託者において、再委託先が十分な安全管理措置を講ずることのできる適切な業者かどうかを確認させるため設けられたものである。したがって、最初の委託者の許諾を得る必要がある。なお、委託先や再委託先から個人番号や特定個人情報が漏えい等した場合、最初の委託者は、委託先に対する監督責任を問われる可能性がある。

3）適切である。「契約内容として、秘密保持義務、事業所内からの特定個人情報の持ち出しの禁止、特定個人情報の目的外利用の禁止、再委託における条件、漏えい等事案が発生した場合の委託先の責任、委託契約終了後の特定個人情報の返却又は廃棄、従業者に対する監督・教育、契約内容の遵守状況について報告を求める規定等を盛り込まなければならない」ものと

されている（事業者ガイドライン19頁）。

4）適切である。特定個人情報の受渡しに関して、配送業者による配送手段を利用する場合、当該配送業者は、通常、依頼された特定個人情報の中身の詳細については関知しないことから、事業者と配送業者との間で特に特定個人情報の取扱いについての合意があった場合を除き、個人番号関係事務または個人番号利用事務の委託には該当しない（Q&A 3 -14- 2 ）。

<u>正解　2 ）</u>

4-4 個人番号に関する事務の委託先管理④

《問》個人番号に関する事務の委託に関する次の記述のうち、最も不適切なものはどれか。

1) 保険会社から個人番号関係事務の全部または一部の委託を受け、個人番号を取り扱う代理店は、保険事務の処理上、委託契約に基づいて個人番号を保管する必要がない場合であっても、顧客の個人番号が記載された書類等の保管を継続することができる。
2) 複数の保険会社が同一の保険代理店を通じて同一の機会に個人番号の提供を受ける場合であっても、保険代理店は、各保険会社の代理店として契約ごとに別個に個人番号の提供を受けることとなる。
3) 生命保険と損害保険にまたがる保険商品の場合、一方の保険会社が他方の会社を代理して個人番号の提供を受けることは可能である。
4) 金融機関が、個人番号の記載された書類の受渡しについて、通信事業者による通信手段を利用する場合、当該通信事業者は、通常、通信手段を提供しているにすぎないことから、番号法上の委託には該当しない。

・解説と解答・

1) 不適切である。「保険会社から個人番号関係事務の全部又は一部の委託を受け、個人番号を取り扱う代理店は、委託契約に基づいて個人番号を保管する必要がない限り、できるだけ速やかに顧客の個人番号が記載された書類等を保険会社に受け渡すこととし、代理店の中に個人番号を残してはならない」ものとされている（金融業務ガイドライン17頁）。
2) 適切である（Q&A19-3）。
3) 適切である。一方の保険会社が他方の会社から委託を受ければ、代理して個人番号の提供を受けることができるものとされている（Q&A19-4）。
4) 適切である。特定個人情報の受渡しに関して、通信事業者による通信手段を利用する場合、当該通信事業者は、通常、特定個人情報を取り扱っているのではなく、通信手段を提供しているにすぎないことから、個人番号関係事務または個人番号利用事務の委託には該当しないものと解されている（Q&A3-14-2）。

正解　1)

4-5　個人番号に関する事務の再委託の取扱い

《問》個人番号関係事務の再委託に関する次の記述のうち、最も適切なものはどれか。

1）民間事業者が個人番号関係事務のすべてを委託した場合であって、当該委託業務の再委託先から特定個人情報が漏えい等したとき、委託先が再委託先に対する監督責任を問われることはあっても、委託者が委託先に対する監督責任を問われることはない。

2）個人番号関係事務を委託する民間事業者は、委託先との間の委託契約において、当該委託先が再委託を行う可能性のある事業者について、あらかじめ当該再委託の許諾を行うことはいっさい許容されていない。

3）民間事業者が個人番号関係事務を委託した場合に、当該委託先が委託業務について再委託を行うときには、当該再委託について委託者から許諾を得る必要があるが、当該許諾につき、安全管理措置について確認する必要があることから、書面等により記録として残る形式をとることが望ましいとされている。

4）個人番号関係事務を委託する民間事業者が、現在の委託先との委託契約を終了させて、新たに別の者に委託する場合、現在の委託先が保有している特定個人情報を新たな委託先に直接提供させることはできない。

・解説と解答・

1）不適切である。委託先から個人番号や特定個人情報が漏えい等した場合のみならず、再委託先から個人番号や特定個人情報が漏えい等した場合であっても、最初の委託者は、委託先に対する監督責任を問われる可能性があるとされている（Q&A3-8）。

2）不適切である。委託者が再委託の許諾をするにあたっては、再委託を行おうとする時点でその許諾を求めるのが原則とされているものの、委託契約の締結時点において、再委託先となる可能性のある業者が具体的に特定されるとともに、適切な資料等に基づいて当該業者が特定個人情報を保護するための十分な措置を講ずる能力があることが確認され、実際に再委託が行われたときは、必要に応じて、委託者に対してその旨の報告をし、再委

託の状況について委託先が委託者に対して定期的に報告するとの合意がなされている場合には、あらかじめ再委託の許諾を得ることもできると解されている（Q&A3－9）。

3）適切である。番号法10条が定める再委託の場合の委託者の許諾の方法についての制限は特段ない。なお、安全管理措置について確認する必要があることにかんがみ、書面等により記録として残る形式をとることが望ましいとされている（Q&A3－10）。

4）不適切である。事業者が個人番号関係事務を委託している場合において、現在の委託先との委託契約を終了させて、新たに別の者に委託する場合、委託元と新たな委託先との間で個人番号関係事務に関する委託契約が存在しているのであれば、委託元の指示に基づき、現在の委託先から新たな委託先へ、特定個人情報を直接提供させることは可能である旨の考え方が示されている（Q&A3－11－2）。この場合、委託元と現在の委託先との間で、委託契約終了にあたって、委託契約により保有している特定個人情報は、委託元の指示に基づき、新たな委託先にすべて引き渡すことをもって、保有している特定個人情報を委託元に返却したものとするなどの規定を追加することや、委託契約終了後に特定個人情報を保有していないことを確認することなどが望ましいと考えられる。

正解　3）

4－6　特定個人情報漏えい等事案発生時における対応①

《問》事業者ガイドライン漏えい関連別添に関する次の記述のうち、最も
不適切なものはどれか。

1）民間事業者は、情報提供ネットワークシステムおよびこれに接続され
た電子計算機に記録された特定個人情報の滅失が発生したおそれ
がある事態が生じたときは、原則として、個人情報保護委員会に報
告するとともに、本人に対し、当該事態が生じた旨を通知しなけれ
ばならない。

2）民間事業者は、マイナンバー部分にマスキング処理することを失念
して、特定個人情報を取り扱わない委託事業者等に提供した特定個
人情報に係る本人の数が100人を超える事態が生じたときは、個人
情報保護委員会に報告しなければならない。

3）特定個人情報の取扱いを委託している民間事業者は、特定個人情報
の漏えいが発生した事態に該当する場合には、原則として委託元が
個人情報保護委員会に報告する義務を負う。

4）民間事業者は、不正の目的をもって行われたおそれがある特定個人
情報の漏えい等が発生した事態を知ったときは、速やかに、個人情
報保護委員会に報告しなければならないが、「速やかに」の日数と
しては、当該事態の発生を知った時点から概ね3日～5日以内が目
安とされている。

・解説と解答・

1）適切である（番号法29条の4第1項・2項、漏えい関連規則2条1号イ、
事業者ガイドライン漏えい関連別添3A）。情報提供ネットワークシステ
ムおよびこれに接続された電子計算機に記録された特定個人情報の漏え
い、滅失もしくは毀損が発生し、または発生したおそれがある事態が生じ
たときは、原則として、個人情報保護委員会に報告しなければならない。
また、本人に対し、個人情報保護委員会規則で定めるところにより、原則
として、当該事態が生じた旨を通知しなければならない。

2）適切である（番号法29条の4第1項、漏えい関連規則2条4号、事業者ガ
イドライン漏えい関連別添3A）。個人番号利用事務等実施者（個人番号
利用事務実施者および個人番号関係事務実施者）は、次に掲げる特定個人

情報に係る本人の数が100人を超える事態が生じたときは、個人情報保護委員会に報告しなければならない。

・漏えい等が発生し、または発生したおそれがある特定個人情報
・番号法9条（利用範囲）の規定に反して利用され、または利用されたおそれがある個人番号を含む特定個人情報
・番号法19条（特定個人情報の提供の制限）の規定に反して提供され、または提供されたおそれがある特定個人情報

3）不適切である（番号法29条の4第1項、漏えい関連規則2条、事業者ガイドライン漏えい関連別添3B）。個人番号利用事務等実施者が、特定個人情報の取扱いを委託している場合においては、委託元と委託先の双方が特定個人情報を取り扱っていることになるため、報告対象事態に該当する場合には、原則として委託元と委託先の双方が報告する義務を負う。この場合、委託元および委託先の連名で報告することができる。なお、委託先が、報告義務を負っている委託元に当該事態が発生したことを通知したときは、委託先は報告義務を免除される。

4）適切である（番号法29条の4第1項、漏えい関連規則3条1項、事業者ガイドライン漏えい関連別添3C）。個人番号利用事務等実施者は、報告対象事態を知ったときは、速やかに、個人情報保護委員会に報告しなければならない。報告期限の起算点となる「知った」時点については、個別の事案ごとに判断されるが、個人番号利用事務等実施者が法人である場合には、いずれかの部署が当該事態を知った時点を基準とする。「速やか」の日数の目安については、個別の事案によるものの、個人番号利用事務等実施者が当該事態の発生を知った時点から概ね3日〜5日以内である。

正解　3）

4－7　特定個人情報漏えい等事案発生時における対応②

《問》事業者ガイドライン漏えい関連別添に関する次の記述のうち、適切
なものはいくつあるか。
- (a) 暗号化処理された特定個人情報の復号キーを喪失したことにより復
元できなくなった場合は、その内容と同じデータが他に保管されて
いるときであっても、「毀損」に該当する。
- (b) システムの設定ミスによりインターネット上で特定個人情報の閲
覧が可能な状態となっていた場合は、「漏えい」に該当する。
- (c) 特定個人情報が記載または記録された書類・媒体等を社内で紛失し
た場合は、「滅失」に該当する。
- (d) 特定個人情報が記載された書類を第三者に誤送付した場合は、当
該特定個人情報を第三者に閲覧されないうちにすべてを回収したと
きでも、「漏えい」に該当する。
1) 1つ
2) 2つ
3) 3つ
4) 4つ

・解説と解答・

(a) 不適切である（事業者ガイドライン漏えい関連別添1C）。特定個人情報の
「毀損」とは、特定個人情報の内容が意図しない形で変更されることや、
内容を保ちつつも利用不能な状態となることをいう。暗号化処理された特
定個人情報の復号キーを喪失したことにより復元できなくなった場合や、
ランサムウェア等により特定個人情報が暗号化され、復元できなくなった
場合であっても、その内容と同じデータが他に保管されている場合は毀損
に該当しない。

(b) 適切である（事業者ガイドライン漏えい関連別添1A）。特定個人情報の
「漏えい」とは、特定個人情報が外部に流出することをいう。

(c) 適切である（事業者ガイドライン漏えい関連別添1B）。特定個人情報の
「滅失」とは、特定個人情報の内容が失われることをいう。なお、社外に
流出した場合には、特定個人情報の漏えいに該当する。

(d) 不適切である（事業者ガイドライン漏えい関連別添1A）。特定個人情報の

　「漏えい」とは、特定個人情報が外部に流出することをいうが、特定個人情報を第三者に閲覧されないうちにすべてを回収した場合は、漏えいに該当しない。

正解　2）

4－8　特定個人情報漏えい等事案発生時における対応③

《問》事業者ガイドラインおよび事業者ガイドライン漏えい関連別添において、民間事業者が、その取り扱う特定個人情報について、漏えい等またはそのおそれのある事案その他の番号法違反の事案または番号法違反のおそれのある事案が発覚した場合において講ずべき措置として、最も不適切なものはどれか。
1）事業者内部における報告および被害の拡大防止
2）事実関係の調査および原因の究明
3）再発防止策の検討および実施
4）総務大臣への報告および本人への通知

・解説と解答・

1）適切である（事業者ガイドライン漏えい関連別添2）。
2）適切である（事業者ガイドライン漏えい関連別添2）。
3）適切である（事業者ガイドライン漏えい関連別添2）。
4）不適切である。漏えい事案が発覚した場合に講ずべき措置は、事業者内部における報告および被害の拡大防止、事実関係の調査および原因の究明、影響範囲の特定、再発防止策の検討および実施、個人情報保護委員会への報告および本人への通知、である（事業者ガイドライン漏えい関連別添2）。

正解　4）

4 - 9 特定個人情報漏えい等事案発生時における対応④

《問》事業者ガイドライン漏えい関連別添等において、個人情報保護委員会に特定個人情報の漏えい事案の報告を要しないとされている「高度な暗号化その他の個人の権利利益を保護するために必要な措置が講じられている場合」の説明に関する次の記述のうち、適切なものはいくつあるか。

(a) 当該漏えい事案が生じた時点の技術水準に照らして、第三者が見読可能な状態にすることが困難となるような暗号化等の技術的措置が講じられるとともに、そのような暗号化等の技術的措置が講じられた情報を見読可能な状態にするための手段が適切に管理されていることが必要とされる。

(b) 第三者が見読可能な状態にすることが困難となるような暗号化等の技術的措置としては、適切な評価機関等により安全性が確認されている電子政府推奨暗号リストやISO/IEC18033等に掲載されている暗号技術が用いられ、それが適切に実装されていることが考えられる。

(c) 暗号化等の技術的措置が講じられた情報を見読可能な状態にするための手段が適切に管理されているといえるためには、①暗号化した情報と復号鍵を分離するとともに復号鍵自体の漏えいを防止する適切な措置を講じていること、②遠隔操作により暗号化された情報もしくは復号鍵を削除する機能を備えていること、または③第三者が復号鍵を行使できないように設計されていることのすべての要件を満たすことが必要である。

1) 1つ
2) 2つ
3) 3つ
4) 0（なし）

●解説と解答●

(a) 適切である（Q&A17-14）。

　　特定個人情報の漏えい等に関する報告等については、番号法上、「個人番号利用事務等実施者は、特定個人情報ファイルに記録された特定個人情

報の漏えい、滅失、毀損その他の特定個人情報の安全の確保に係る事態であって個人の権利利益を害するおそれが大きいものとして個人情報保護委員会規則で定めるものが生じたときは、個人情報保護委員会規則で定めるところにより、当該事態が生じた旨を委員会に報告しなければならない。ただし、当該個人番号利用事務等実施者が、他の個人番号利用事務等実施者から当該個人番号利用事務等の全部又は一部の委託を受けた場合であって、個人情報保護委員会規則で定めるところにより、当該事態が生じた旨を当該他の個人番号利用事務等実施者に通知したときは、この限りでない」（同法29条の4第1項）と定められているところ、「個人の権利利益を害するおそれが大きいもの」とは、具体的には以下のいずれかをいう（漏えい関連規則2条）。

1号　次に掲げる特定個人情報（高度な暗号化その他の個人の権利利益を保護するために必要な措置を講じたものを除く。以下同じ。）の漏えい、滅失もしくは毀損（以下「漏えい等」という。）が発生し、または発生したおそれがある事態

イ　情報提供ネットワークシステムおよびこれに接続された電子計算機に記録された特定個人情報

ロ　個人番号利用事務実施者が個人番号利用事務を処理するために使用する情報システムにおいて管理される特定個人情報

ハ　行政機関、地方公共団体、独立行政法人等および地方独立行政法人が個人番号関係事務を処理するために使用する情報システムならびに行政機関、地方公共団体、独立行政法人等および地方独立行政法人から個人番号関係事務の全部または一部の委託を受けた者が当該個人番号関係事務を処理するために使用する情報システムにおいて管理される特定個人情報

2号　次に掲げる事態

イ　不正の目的をもって行われたおそれがある特定個人情報の漏えい等が発生し、または発生したおそれがある事態

ロ　不正の目的をもって、特定個人情報が利用され、または利用されたおそれがある事態

ハ　不正の目的をもって、特定個人情報が提供され、または提供されたおそれがある事態

3号　個人番号利用事務実施者または個人番号関係事務実施者の保有する特定個人情報ファイルに記録された特定個人情報が電磁的方法により不

特定多数の者に閲覧され、または閲覧されるおそれがある事態

4号　次に掲げる特定個人情報に係る本人の数が100人を超える事態

イ　漏えい等が発生し、または発生したおそれがある特定個人情報

ロ　番号法9条の規定に反して利用され、または利用されたおそれがある個人番号を含む特定個人情報

ハ　番号法19条の規定に反して提供され、または提供されたおそれがある特定個人情報

(b) 適切である（Q&A17-14）。

(c) 不適切である。暗号化等の技術的措置が講じられた情報を見読可能な状態にするための手段が適切に管理されているといえるためには、選択肢中の①②③のいずれかの要件を満たすことが必要である（Q&A17-14）。

正解　2）

4－10　特定個人情報漏えい等事案発生時における対応⑤

《問》事業者ガイドライン漏えい関連別添等における特定個人情報の漏えい事案等に関する次の記述のうち、最も不適切なものはどれか。

1）特定個人情報が記録された USB メモリを紛失したものの、紛失場所が社内か社外か特定できない場合には、漏えいまたは漏えいのおそれに該当する。

2）本人が第三者の作成した個人番号利用事務等実施者の Web サイトに偽装した Web サイト（いわゆるフィッシングサイト）にアクセスし、特定個人情報を入力した場合、当該個人番号利用事務等実施者による報告対象とならない。

3）個人番号関係事務に従事する従業員が、勤務時間外に入力作業を行うため、社内規程に反して、個人番号が含まれるデータを自宅のパソコンに送った場合は、番号法等が定める特定個人情報の漏えい等に関する個人情報保護委員会への報告の対象となる「不正の目的をもって行われたおそれがある特定個人情報の漏えい等」に該当しない。

4）クラウドサービス提供事業者が、特定個人情報を取り扱わないこととなっている場合において、報告対象となる特定個人情報の漏えい等が発生したときには、クラウドサービスを利用する事業者とクラウドサービス提供事業者はそれぞれ報告義務を負う。

・解説と解答・

1）適切である。個別の事例ごとに判断することとなるが、特定個人情報が記録された USB メモリを紛失したものの、紛失場所が社内か社外か特定できない場合には、漏えい（または漏えいのおそれ）に該当すると考えられる。なお、社内で紛失したままである場合には、滅失（または滅失のおそれ）に該当すると考えられる（Q&A17－2）。

2）適切である。本人が第三者に特定個人情報を詐取されており、個人番号利用事務等実施者から第三者に特定個人情報が漏えいしていないことから、当該個人番号利用事務等実施者による報告対象にならないと考えられる。なお、Web サイトを運営する個人番号利用事務等実施者においても、本人が特定個人情報を詐取される等の被害に遭わないよう、対策を講じる必

要があると考えられる（Q&A17-7）。

3）適切である。必ずしも「不正の目的をもって」とは言えない目的または不注意で持ち出してしまった場合などは、基本的には、該当しないと考えられる。事例として、「個人番号関係事務に従事する従業員が、勤務時間外に入力作業を行うため、社内規程に反して、個人番号が含まれるデータを自宅のパソコンに送った場合」および「従業員が自宅に持ち帰った業務用のファイルに、意図せずに、特定個人情報が記載された書類が混入していた場合」が挙げられている（Q&A17-9）。

4）不適切である。クラウドサービス提供事業者が、特定個人情報を取り扱わないこととなっている場合において、報告対象となる特定個人情報の漏えい等が発生したときには、クラウドサービスを利用する事業者が報告義務を負う。この場合、クラウドサービス提供事業者は、番号法が定める報告義務を負わないが、クラウドサービスを利用する事業者が安全管理措置義務および報告義務を負っていることを踏まえて、契約等に基づいてクラウドサービスを利用する事業者に対して通知する等、適切な対応を行うことが求められる（Q&A17-17）。

正解　4）

4－11　協同組織金融機関、保険代理店における個人番号の取扱い

《問》協同組織金融機関、保険代理店における個人番号の取扱いに関する次の記述のうち、最も不適切なものはどれか。

1）協同組織金融機関においては、出資配当金の支払の確定の都度、個人番号の告知を求めることが原則となるが、協同組織金融機関の加入時に会員・組合員の個人番号の提供を求めることはできる。

2）保険会社が業務委託に基づき、保険代理店を通じて顧客との間で保険契約を締結する際に顧客から個人番号を収集する場合、法的な収集主体は、保険会社となる。

3）業務委託先の保険代理店が従業員100人以下の事業者である場合、当該保険代理店には、保険会社に求められる水準の安全管理措置が求められる。

4）複数の保険会社から業務委託を受けている保険代理店が、各委託元保険会社の顧客から個人番号を収集する場合、当該保険代理店が収集した個人番号を複数の委託元保険会社間で共有して利用することができる。

・解説と解答・

1）適切である。協同組織金融機関においては、出資配当金の支払が確定する都度、個人番号関係事務が発生することとなるため、その都度、個人番号の告知を求めることが原則であるが、加入時点で当該個人番号関係事務の発生が予想できるため、その時点で会員・組合員の個人番号の提供を求めることも可能であるとされている（金融業務ガイドライン10頁）。

2）適切である。保険会社が業務委託契約に基づき、保険代理店を通じて顧客との間で保険契約を締結する場合において、顧客から個人番号を収集する法的な主体は、保険会社となる。

3）適切である。保険会社が個人番号の収集の委託をした保険代理店が従業員100人以下の事業者である場合であっても、委託に基づいて個人番号関係事務を業務として行う事業者は、中小規模事業者の定義から除外されているため（事業者ガイドライン安全管理措置別添2）、当該保険代理店は、委託元である保険会社に求められる水準の安全管理措置が求められる。

4）不適切である。複数の保険会社から業務委託を受けている保険代理店が各

委託元保険会社の顧客から個人番号を収集する場合であっても、個人番号の利用および保管は代理している保険会社ごとに別個に行うことが必要であり、個人番号が共同で利用できるわけではないとされている（Q&A19－3、金融業務ガイドラインパブコメ37番）。

正解　4）

2024年度 金融業務能力検定・サステナビリティ検定

等級	試験種目		受験予約 開始日	配信開始日 （通年実施）	受験手数料 （税込）
IV	金融業務4級 実務コース		受付中	配信中	4,400 円
III	金融業務3級 預金コース		受付中	配信中	5,500 円
	金融業務3級 融資コース		受付中	配信中	5,500 円
	金融業務3級 法務コース		受付中	配信中	5,500 円
	金融業務3級 財務コース		受付中	配信中	5,500 円
	金融業務3級 税務コース		受付中	配信中	5,500 円
	金融業務3級 事業性評価コース		受付中	配信中	5,500 円
	金融業務3級 事業承継・M＆Aコース		受付中	配信中	5,500 円
	金融業務3級 リース取引コース		受付中	配信中	5,500 円
	金融業務3級 DX（デジタルトランスフォーメーション）コース		受付中	配信中	5,500 円
	金融業務3級 シニアライフ・相続コース		受付中	配信中	5,500 円
	金融業務3級 個人型DC（iDeCo）コース		受付中	配信中	5,500 円
	金融業務3級 シニア対応銀行実務コース		受付中	配信中	5,500 円
	金融業務3級 顧客本位の業務運営コース		－	上期配信	5,500 円
II	金融業務2級 預金コース		受付中	配信中	7,700 円
	金融業務2級 融資コース		受付中	配信中	7,700 円
	金融業務2級 法務コース		受付中	配信中	7,700 円
	金融業務2級 財務コース		受付中	配信中	7,700 円
	金融業務2級 税務コース		受付中	配信中	7,700 円
	金融業務2級 事業再生コース		受付中	配信中	11,000 円
	金融業務2級 事業承継・M＆Aコース		受付中	配信中	7,700 円
	金融業務2級 資産承継コース		受付中	配信中	7,700 円
	金融業務2級 ポートフォリオ・コンサルティングコース		受付中	配信中	7,700 円
	DCプランナー2級		受付中	配信中	7,700 円
I	DCプランナー1級（※）	A分野（年金・退職給付制度等）	受付中	配信中	5,500 円
		B分野（確定拠出年金制度）	受付中	配信中	5,500 円
		C分野（老後資産形成マネジメント）	受付中	配信中	5,500 円
－	コンプライアンス・オフィサー・銀行コース		受付中	配信中	5,500 円
	コンプライアンス・オフィサー・生命保険コース		受付中	配信中	5,500 円
	個人情報保護オフィサー・銀行コース		受付中	配信中	5,500 円
	個人情報保護オフィサー・生命保険コース		受付中	配信中	5,500 円
	マイナンバー保護オフィサー		受付中	配信中	5,500 円
	AML／CFTスタンダードコース		受付中	配信中	5,500 円
	SDGs・ESGベーシック		受付中	配信中	4,400 円
	サステナビリティ・オフィサー		受付中	配信中	6,050 円

※ DCプランナー1級は、A分野・B分野・C分野の3つの試験すべてに合格した時点で、DCプランナー1級の合格者となります。

2024年度版
マイナンバー保護オフィサー試験問題集

2024年3月13日　第1刷発行

編　者　一般社団法人　金融財政事情研究会
検定センター
発行者　　　　　　　　　　　加藤　一浩

〒160-8519　東京都新宿区南元町19
発 売 所　一般社団法人　金融財政事情研究会
販 売 受 付　TEL 03(3358)2891　FAX 03(3358)0037
URL https://www.kinzai.jp

本書の内容に関するお問合せは、書籍名およびご連絡先を明記のう
え、FAXでお願いいたします。　お問合せ先　FAX 03(3359)3343
本書に訂正等がある場合には、下記ウェブサイトに掲載いたします。
https://www.kinzai.jp/seigo/

ISBN978-4-322-14420-8